*Für Nina, Helmut & Simon*

*Liebe Leserin, lieber Leser,*
*danke, dass Sie dieses Buch gekauft haben.*
*Ich hoffe sehr, dass es Ihnen gefällt.*
*Sollte dies der Fall sein, würde ich mich über eine*
*positive Rezension ganz besonders freuen.*
*Ihre Karin B. Redecker*

## Impressum

1. Auflage 2020

64625 Bensheim-Auerbach, Höllberg
Kontakt: mailbox@karin-redecker.de
Twitter: https://twitter.com/KarinRedecker
Facebook: www.facebook.com/pages/K.B.Redecker
Website: www.karin-Redecker.de
Titelbild: Pixabay
Layout: Karin B. Redecker
Fotos: Pixabay und KBR
Korrekturen/Lektorat:
www.Korrekturen.de, Julian von Heyl

Herstellung und Druck über tolino media GmbH & Co. KG,
Albrechtstr. 14, 80636 München. Printed in Germany.
Fragen zu Produktsicherheit an: gpsr@tolino.media.

Karin B. Redecker
Gedichte
Es flogen Worte durch den Raum
Gedichte, meist mit einem Augenzwinkern!
Über das Leben
und seine Stolpersteine

**Buchbeschreibung:**
Nicht nur das Bücherschreiben ist die Leidenschaft der Autorin. Nein, auch das Verfassen von Gedichten ist ihre Passion. Der Alltag gibt ihr tagtäglich genug Material für Verse an die Hand, die sie gerne mit einem Augenzwinkern niederschreibt.

Sie lesen hier einen poetischen Reigen. Mal lustig, mal sinnlich, mal melancholisch, aber stets ein Genuss für die Seele ...

*Dieses Buch widme ich in erster Linie meiner verstorbenen Tochter Nina, die Tag für Tag in unserem Herzen ist.*
*Es ist leider so, dass das Leben nicht nur Freude bereithält. Licht und Schatten liegen nah beieinander. Dennoch sollte man versuchen, nie seinen Humor zu verlieren, und die Schönheit dieser wunderschönen Welt mit offenen Augen genießen.*

# Über die Autorin

Karin B. Redecker absolvierte eine Verlagsausbildung bei einer bekannten Frankfurter Tageszeitung. Lange Jahre lebte sie in Italien und hat hier mit dem Romanschreiben begonnen. Zuvor war sie viele Jahre Redakteurin im eigenen Verlag, den sie gemeinsam mit ihrem Mann geleitet hat.

Wer mehr über die Autorin erfahren möchte, ist herzlich eingeladen, sich ihre Homepage

**www.karin-redecker.de**

anzuschauen.

Dies ist ihr dritter Lyrikband, der hoffentlich viele Freunde findet.

# Inhaltsverzeichnis

# Es flogen Worte durch den Raum

So war es und man glaubt es kaum,
es flogen Worte durch den Raum.
Ich schnappte sie und hielt sie fest,
notierte sie, machte ’nen Test.
Passt eins zum andern, macht es Sinn?
Ich bastle lang am Textbeginn,
schreib ihn erneut ins Buch hinein,
nehm ihn von vorn in Augenschein.
Dann les’ ich mir den Rhythmus vor,
wie klingt’s, geht’s lyrisch gut ins Ohr?
Wenn mein Gefühl meint, ’s ist okay,
und ich noch einen Sinn drin seh,
wenn ich zudem Humor verspür,
dann, liebe Leut’, lest ihr es hier!

## Gedichte

Ich behaupte mal, dass Gedichte,
sind wie 'ne kleine Kurzgeschichte.
Sie können in nur wen'gen Zeilen,
mit dir ein ganzes Leben teilen.
Wenn ich zum Beispiel ruf *Juchhe!*,
ich womöglich auf 'nem Gipfel steh,
schau staunend auf das Alpenglüh'n.
Du musst nur deine Fantasie bemühen.
Denn ohne Vision, da fehlt dir was.
Das Leben wäre sonst zu blass!

## Worte

Worte sind zum Streicheln da,
können auch verletzen.
Worte sind ganz wunderbar,
wenn sie nur nicht hetzen.
Drum verwend' sie mit Bedacht!
Du kannst das! Wäre doch gelacht!

# Rund

Nicht immer läuft das Leben rund,
am besten ist's, du bist gesund!
Hast täglich Brot auf deinem Teller,
'nen guten Wein dazu im Keller,
ein warmes Zimmer, weiches Bett,
nicht ganz allein wär' auch sehr nett,
da kann man mal zu Hause bleiben
und dazu solche Zeilen schreiben.

# Der Literat

Wer mit Worten niemals spart,
ist bestimmt ein Literat!
Wär er nämlich stumm,
wär's für ihn sehr dumm.
Später könnt dann keiner lesen,
wie brillant er einst gewesen.

# Frau Eidechse

Frau Eidechse schaut aus der Mauer,
sie liegt schon länger auf der Lauer.
Sie züngelnd nach 'nem Frühstück schaut
und gleich 'ne fette Fliege klaut.
Ihr Magen ist noch viel zu leer,
sie schaut, wer alles kommt daher.
Da schneckt Frau Schnecke langsam an,
und die Frau Echse fasst 'nen Plan.
Sie freut sich auf den fetten Happen,
und will sich flugs die Schnecke schnappen.
Frau Schnecke, selbst noch etwas matt,
will knabbern an 'nem leckren Blatt.
Doch plötzlich kommt da eine Maus,
schnell eilt Frau Schnecke zurück ins Haus.
Frau Echse denkt, was mach ich bloß,
die Maus, die ist für mich zu groß.
Ich schau mal lieber nach den Spinnen.
Sie aß sich voll und ging nach drinnen.

# Die Tücken des Lebens

Das Leben hat so seine Tücken,
manchmal auch nur, wenn wir uns bücken.
Da fällt ein Gegenstand hinunter,
du bückst dich und bist dabei noch munter.
Da, zack! Es fährt dir in den Rücken!
Du kannst dich nicht mehr weiter bücken.
Aber auch rückwärts geht es nicht,
weil dich die Hexe gerade sticht.
Ein Schrei den Liebsten alarmiert,
er ist zuerst mal ganz verwirrt
und ruft den Doktor fix herbei,
der kommt sofort mit 'ner Arznei.
Es dauert etwas und du spürst,
als du die Schuhe dabei schnürst:
*Alles im Lot, bin wieder fit!*
Du machst sofort den nächsten Schritt.
Und weiter geht's mit diesem Leben.
Man soll halt nicht so rasch aufgeben!

# Licht und Schatten

Ein jeder kennt wohl Licht und Schatten,
egal, wie viel wir davon hatten.
Ich bin ein Lichtmensch, das ist klar,
sooft bei mir auch Schatten war,
denn wenn die Sonn' mich vorn erhellt,
sich hinter mich der Schatten stellt.
So lacht der Mund im hellen Licht,
die Sorgen siehst im Schatten nicht.

# Der alte Nachbar

Der alte Nachbarn zog nun aus.
Junge ziehen bald ein ins Haus.
Doch vorher wird noch umgebaut,
die Nachbarschaft nun eifrig schaut.
Es wird gehämmert und gedübelt,
der Architekt schaut zu und grübelt.
Ein Bagger fährt nun auch ums Haus,
und reißt die alten Pflanzen raus.
Der schöne Garten ist nun fort,
nur nackte Erde sieht man dort.
Hecken und Bäume sind entfernt,
es wird halt rundherum entkernt.
Da plötzlich seh' ich den alten Mann,
der kaum noch richtig stehen kann.
Es ist der Vorbesitzer, der, wie versteinert,
zuschaut, wie man sein Haus zerkleinert.
Sein halbes Leben hat er hier verbracht,
es tut ihm weh, was man hier macht.
Sein alter Garten war sein Glück,
der ist nun weg, kommt nie zurück.
Er wischt sich heimlich seine Tränen,
für ihn sind das ganz schlimme Szenen.
Mit feuchten Augen schaut er zu,
er muss zurück, er braucht jetzt Ruh.

Der Pfleger ihn fest unterhakt,
sein Auto hat er nah geparkt.
Sie fahr'n zurück zum Mittagessen,
er will das Schauspiel schnell vergessen
und weiter träumen, wie's einst war,
als seine Frau noch bei ihm war.

# Grenzenlos

Die Freiheit unserer Gedanken,
ist grenzenlos und voller Schwung.
Zügellos sich die Ideen ranken,
sie sind dann ständig auf dem Sprung.
Die Energie ermutigt meist dein Denken,
es ist ein Feuerwerk der Emotionen.
Du musst die Fantasien nur etwas lenken,
damit sie später sich auch lohnen.
Du wägst nun ab, was macht dir Freude?
Was tut dir gut, was ist dein Ziel?
So langsam wächst dann ein Gebäude,
vereint den Verstand mit dem Gefühl.
Wenn du genau weißt, was du willst,
gibst du dir selber grünes Licht,
sieh zu, dass du dein Verlangen stillst,
nimm dich sofort dann in die Pflicht.
Sei mutig und voll Tatendrang,
begeistre dich für deine Ziele.
Probier es aus und denk daran,
Ideen gibt es noch ganz viele.

# *Sonntag*

Ein Sonntag ist zum Ruhen da,
der Staubsauger bleibt aus.
Es gibt oft Kuchen, das ist klar,
und manche geh'n ins Grüne raus.
Auch ich bin faul, leg mich heut lang,
schau in des Himmels weite Ferne,
hör dabei der Vögel Gesang.
Mannomann, solch Tage hab' ich gerne!

# Familie

Ich bin so, wie ich nun mal bin,
auf keinen Fall bin ich zu dünn,
auch bin ich meistens nicht perfekt
und oft nicht immer ganz korrekt.
Ich sag gemeinhin, was ich denke,
weil ich gern reinen Wein einschenke.
Ein wahrer Freund kann auf mich zählen,
er kann mit mir dann Pferde stehlen.
Ich liebe Licht, liebe den Süden
und klar, ich liebe unsren Rüden.
Meine Familie ist mir folgerichtig
vor allen anderen Dingen wichtig.
Drum werd ich jetzt mal gleich brillieren
und ihr ein exzellentes Mahl servieren.

# Die Eisheiligen

Da gibt es fünf, die ich nicht mag,
denn sie verderben mir den Tag.
Wenn sie am 11. Mai beginnen,
lass ich die Kübel besser drinnen.
Fünf Tage kommt nun meistens Frost,
danach muss manches zum Kompost.
Wenn's mit der *Kalt' Sophie* dann endet
und Sonne wieder Wärme spendet,
dann geht's im Garten richtig los.
Das finden alle ganz famos.
Es wird gepflanzt, es wird getrimmt,
bis alles wieder Gestalt annimmt.
Die Euphorie geht in die Glieder,
La dolce vita hat uns wieder!

# Alte Zellen

Bin ich noch die, die ich einst war?
Sind noch von den alten Zellen da?
Oder bin ich völlig runderneuert,
weil sich die alten durchgescheuert?
Fast alle Körperzellen wachsen neu,
wenn alte Zellen schwinden.
Darüber ich mich wirklich freu,
ich kann mich wieder neu erfinden.
Bin ich viel jünger, als ich dachte,
sind nun die Zellen jung und frisch?
Stopp, liebes Kind, nun mal ganz sachte,
denk ich, als ich die Haut abwisch.
Ich sehe hie und da 'ne Falte
und gerade zieht's wieder im Bein.
Ich glaub, ich bin doch noch die Alte,
denn völlig neu, das kann nicht sein.
Sonst würden wir ja ewig leben –
Wer will das schon? Ich will das nicht!
Hauptsache, man macht was aus dem Leben,
bevor man geht ins helle Licht!

# *Du*

Du liegst bei mir, ich spüre dich.
Wir atmen ein und aus.
Wenn deine Hand die meine nimmt,
dann fühl ich mich zu Haus.
Der Kummer, er verflüchtigt sich,
dem Herzen geht's dann gut.
Wenn meine Haut die deine spürt,
dann fass ich neuen Mut.
Es ist so schön, dass es dich gibt,
und ist's nicht toll nach all den Jahren,
dass ich noch immer bin verliebt.
Lass uns an Liebe niemals sparen!

# Warum

Warum nur,
können Menschen so grausam sein?
Warum nur,
lässt man die Alten oft allein?
Warum nur,
gibt's Menschen, die verhungern,
Warum nur,
gibt's manche, die rumlungern
Warum nur,
sind an allem stets die anderen schuld?
Warum nur,
hat man nicht etwas mehr Geduld?
Warum nur,
laufen Verbrecher frei herum?
Warum nur,
bleiben Politiker oft stumm?
Warum nur,
darf man nicht sagen, was man meint?
Warum nur,
gibt's immer mehr Idioten, wie es scheint?
Warum nur,
wird der Bürger oft belogen?

Warum nur,
sind öffentliche Worte stets ausgewogen?
Warum nur,
ist man der Wahrheit nicht mehr verpflichtet?
Warum nur,
wird Freiheit immer mehr vernichtet?

Alles Fragen über Fragen,
die Antworten kann mir keiner sagen.

# Serpentinen

Der Körper ist ein kleines Wunder,
egal ob dünn oder auch runder.
Wobei die ganze Pracht der Frauen,
besonders Männer gern anschauen.
Da gibt es auch viel mehr zu sehen,
wenn sie apart vorübergehen.
Das Weibliche ist kurvenreicher,
die Physis ist zudem viel weicher.

ER fährt gern mit PS-Maschinen,
auch ab und an durch Serpentinen.
Weshalb ER oft sehr routiniert,
den Blick auf Kurven aktiviert.
Das sieht man dann an seiner Miene,
besonders deutlich bei 'ner Blondine.

SIE schaut mehr auf den ganzen Mann,
schaut drauf, was er so alles kann.
Wie riecht er, ist er gut gepflegt,
hat er Humor, ist er gut aufgelegt?
Da ist's egal, ob dünn, ob dick,
SIE hat den ganzen Mann im Blick.
Und wenn er dann noch Kohle hat,
fängt sie ihn ein und ruft: Schachmatt!

# Am Morgen

Der Morgen schaute mich heut an,
grau, windig, keine Sonne.
Lag noch im Bett, mir war ganz bang,
ich kuschelte mit großer Wonne.
Nach einer Weile stand ich auf,
die Glieder waren steif.
Ich reckte mich und nahm in Kauf,
dass ich dabei den Spiegel streif.
Da schaut der Spiegel mich frech an,
empörte sich recht laut.
»Jetzt gib mal Gas mit viel Elan
und pflege deine welke Haut!«
Die Falten sagten mir »hallo,
wir haben Zuwachs an der Stirn!«
»Nun geh’ zuerst mal schnell aufs Klo«,
meldete sich empört sofort das Hirn.
Weil dann die Creme sich unruhig regte,
verteilte ich sie ungeniert.
Mit Eifer ich die Falten pflegte,
ich cremte, klopfte, hab' massiert.
Als dann die Haare wieder lagen,
grinst mich der Spiegel gnädig an.
Nun konnt’ ich mich ins Freie wagen,
jetzt war die doofe Arbeit dran!

# Der Duft

Es liegt ein wunderbarer Duft,
bei uns im Garten in der Luft.
Er kommt von leuchtend gelben Blüten,
in denen schon die Bienen wüten.
Es brummt und summt hier in den Pollen,
die Immen schöpfen aus dem Vollen.
Wenn die Mahonien ihre Blüten zeigen,
sitzt manch Getier schon in den Zweigen.
Was ist die Natur doch so grandios,
es ist hier immer etwas los!

# Wetter

Wenn Bäume wiegen sich im Wind
und Regen peitscht durchs Land,
dann suchen Menschen, Hund und Rind,
blitzschnell 'nen trocknen Unterstand.
Deshalb bin ich so richtig froh,
wenn draußen Stürme heftig toben,
dass ich sitzen darf im Büro
und neue Verse proben.
Wenn dann die Sonne wieder scheint,
geh ich hinaus ins Freie.
Und wenn erneut der Himmel weint,
ich zaghaft euch nun prophezeie:
Ob Sturm, ob Sonnenschein, ob Regen,
egal wie gut, wie schlecht das Wetter,
nimm's hin und genieß' dein Leben,
mit einem Buch wird's noch viel netter!

# Klonen

Irgendwann, das ist ganz klar,
sind wir alle nicht mehr da.
Ich frag mich grad, ob es sich lohnt,
wenn man mich vorher noch schnell klont.
Geht alles dann von vorne los?
Werd' ich dann wieder langsam groß?
Würd' alles sich dann wiederholen,
so nach und nach, auf leisen Sohlen?
Von Kindheit an bis zu der Liebe,
die dann ein Leben lang auch bliebe?
Ich hab Bedenken im Moment,
find unsre Welt grad dekadent.
Wisst ihr was? Ich lass es bleiben!
Werd' bis zum Ende weiter schreiben,
beiß irgendwann einfach ins Gras.
Und sag zum Schluss nur noch: »Das war's!«

# Blütenduft

Links und rechts seh ich es blühen,
seh, wie Pflanzen sich bemühen.
Süße Düfte mich umwehen
und ich bleib begeistert stehen.
Schau die Farbenpracht mir an,
geh auch manchmal ganz nah ran.
Der Wind, der streichelt meine Nase.
Sitzt da nicht ein kleiner Hase?
Ach, es ist ne Steinfigur,
vor 'ner alten Sonnenuhr!
Ruft der Nachbar: »Schönes Wochenende!«
Ich grüß zurück, nehm beide Hände,
schau ihm lächelnd ins Gesicht,
denn unfreundlich, das bin ich nicht.
»Danke, Herr Nachbar, wünsch ich auch!«,
so ist's halt auf dem Land so Brauch.
Nette Nachbarn grüßt man gerne,
manchmal jedoch lieber aus der Ferne!

# Handwerker

Da stehste auf, bist frohen Mutes,
denkst, heute mach ich mal was Gutes!
Hast Zwetschgen da, willst Kuchen backen
und dann noch etwas Unkraut hacken.
Da klingelt's plötzlich an der Tür
und Handwerker stehen keck vor dir.
Erst haben sie dich hingehalten,
jetzt woll'n sie dir den Strom abschalten.
Das wird wohl nix mit leckrem Kuchen.
Mein Glück muss ich im Garten nun suchen!

# Selfpublisher-Leben

Da schreibst, schreibst, schreibste –
Geschichten entsteh'n in deinem Kopf.
An deinem Schreibtisch bleibste,
drückst immer mal den Enter-Knopf.
Oft schreibste von vergang'nen Zeiten,
wanderst hindurch durch ferne Breiten,
recherchierst, bis sich die Wände biegen.
Mein Gott, was bleibt da alles liegen!
Sitzt selbst bei Hitze an dem Mac,
machst ständig einen Faktencheck.
Bis Ende steht auf'm letzten Blatt.
Nun hängst du ab, bist völlig matt.
Jetzt geht es gleich ins Lektorat
und jemand muss noch korrigieren.
Du hoffst, es wird nicht allzu hart,
musst nicht so vieles ausradieren.
Wenn das geschehen, so folgt der Titel,
dazu kommt noch der Klappentext.
Der Feinschliff ist das letzte Mittel,
indem du alles noch mal checkst.
Es ist vollbracht, du bist beglückt,
gibst das Buch nun in den Handel
und hoffst, dass es nach vorne rückt,
im permanenten Ranking-Wandel.

# Sommerzeit

Die Uhren wurden vorgestellt,
doch weiter dreht sich unsre Welt.
Der Tag wie immer alles macht,
erst kommt das Licht, dann folgt die Nacht.
Obwohl, 'ne Stunde Schlaf tut's rauben,
da hilft kein Schimpfen oder Schnauben.
Jetzt sind wir all 'ne Stunde älter,
zeigt uns ein Blick auf den Zeitmelder.
Mit fehlt heut irgendwie der Schwung,
Mensch, war ich gestern noch so jung!

# Wolken

Der Himmel grau, die Erde trocken,
vielleicht lässt sich der Regen locken,
denn ohne Wasser, liebe Wolken,
hat das im Garten meistens Folgen.
Die schönsten Blüten fallen ab
und auch die Blätter machen schlapp.
Drum Regenwolken, seht's doch ein,
sonst stellt ihr der Natur ein Bein
und manche Blume wird krepieren.
Das geht mir ganz schön an die Nieren,
das will ich nicht, das darf nicht sein,
ich habe ja kein Herz aus Stein!
Wenn ihr nicht öffnet euren Regenbauch,
greif ich erneut zum Gartenschlauch!

# *Das Denken*

Die einen sagen so, die andern so,
da bin ich aber wirklich froh,
dass ich noch selber hab ein Hirn,
das liegt gleich hinter meiner Stirn.
Hier denk ich nach und konstruiere,
so peu à peu, bis ich kapiere,
worum es im Genauen geht.
Zum Denken ist es nie zu spät!
Wenn meine Meinung dann steht fest,
mach ich meist 'nen Facebook-Test.
Wenn einige mich kritisieren,
geht mir das niemals an die Nieren,
denn Meinungsvielfalt ist das Fundament,
das Demokratie zusammenhält.

# Grillabend

Ich sitzt entspannt in großer Runde,
führ mir Gegrilltes hin zum Munde.
Die andern auch, man kaut und schluckt,
der Hund dazu ganz hungrig guckt.
Der Nachtisch steht auch schon bereit,
doch dafür lässt man sich noch Zeit.
»Ich kann nicht mehr!«, stöhnt leis der Otto
Und nimmt doch noch was von dem Risotto.
Klammheimlich fummelt er am Bund,
und lässt was fallen für den Hund.
Als alle fertig und ganz satt,
spricht man über Skandale in der Stadt.
Und freut sich, dass man vital und gesund,
hier sitzt in dieser fröhlich' Rund'.
Ein jeder gibt etwas zum Besten,
erzählt es meist mit vielen Gesten.
Alle plappern nun drauflos.
Man lacht und fühlt sich ganz famos.
Nun heißt es ständig hoch die Tassen,
man will sich doch nicht hängen lassen.
Ein letzter Schnaps, man lobt die Küche,
es folgen noch paar lust'ge Sprüche.
Dann bricht man auf, es war sehr nett.
Nun freut man sich aufs eigne Bett.

# Die Malve

Die Malve grüßt im Sonnenschein,
sie bleibt nicht lange sehr allein,
denn Bienen ham sich angedockt,
der Duft des Nektars sie gelockt.
Es brummt und summt, das ist Natur!
Ganz gratis ein Erlebnis pur!

# *Heut Nacht*

Ich war heut Nacht so schön, so schlank,
ich saß am Meer auf einer Bank.
Die Sonne schien mir ins Gesicht,
am Horizont ein helles Licht.
Ganz oben winkte meine Mutter,
ganz weit entfernt ein gold'ner Kutter.
Ich nahm die Schuhe in die Hand,
lief barfuß durch den weichen Sand.
Da kam ein weißer Schimmel an,
fragte mich, ob ich auch reiten kann.
Ich stieg hinauf, leicht wie 'ne Feder
und ritt davon, viel tausend Meter.
Da fiel ich plötzlich in den Sand
und spürte eine warme Hand.
»Steh auf, mein Schatz, es ist schon spät,
sonst gleich der Schreiner vor dir steht.«
Ich stöhne, quäl' mich aus dem Bett
und find das Ganze gar nicht nett.
Schau nicht in'n Spiegel hier am Schrank,
nix federleicht, nix schön, nix schlank,
die Knochen knacken, 's Kreuz tut weh,
ich spüre mich von Kopf bis Zeh.
Sei's drum, ich ruf mir das Gefühl zurück,
weil ich grad spür, ich bin zu dick!
'Ne Elfe werde ich nie mehr sein,
doch wie's sich anfühlt, fällt mir grad ein.

# Mein Hund

Mein Hund und ich, wir sind per du,
er ist mein bester Freund.
Wenn ich mit ihm im Sofa ruh,
kann's sein, dass er grad träumt.
Dann wackelt er, er tritt und zuckt,
rennt träumend über Wiesen.
Ich hab ihm oft dann zugeguckt,
tu's grinsend sehr genießen.
Ansonsten ist er stets aktiv,
er ist der Sheriff unserer Straße.
Bei Fremden wird er sehr massiv,
er kläfft sich heftig in Ekstase.
Nur wenn er Hunger hat, der Kleine,
schaut er mich sanft an wie ein Reh,
bis ich bewege meine Beine,
wohl wissend, Hunger tut so weh.
Wenn er sein Fressen schlingt hinunter,
dann muss er anschließend gleich raus.
So ist er Tag für Tag putzmunter,
mein kleiner Freund, bei uns zu Haus.

# *Streben*

Kommt, heut woll'n wir nur mal leben,
lassen weg wetteiferndes Streben,
schau'n in den Himmel, spüren den Wind,
saugen die Welt auf wie einst als Kind.
Seht nur die Hummeln, wie sie sich tummeln,
und auch Bienen hört man schon brummeln.
Vernehmt ihr die Rose, wie sie sich freut?
Sie ist heute mein Glücks-Therapeut.
Sie öffnet die Knospen, verströmt ihren Duft,
Freude und Müßiggang liegt in der Luft.
Kommt, lasst uns heute nur spüren,
öffnet Herzen und geschlossene Türen,
für die Schönheit dieser herrlichen Welt,
die jeder sieht auch ohne Geld.

# Diät

Da hungerst du, du machst Diät
und trotzdem kein Gramm runtergeht.
Die Waage ächzt, sie ist brutal,
sie abzulesen ist 'ne Qual.
Soll man verhungern, sich kasteien,
um sich bei Dünnen einzureihen?
Will Man(n) es nicht gern weich und nett?
Gehört dazu nicht etwas Fett,
das sich leicht um die Hüften legt,
den Busen etwas mehr aufträgt?
Aber das ist wohl ganz verschieden.
Der eine ist mit dünn zufrieden,
der andere mag gern runde Formen.
Man kann die Menschen halt nicht normen.
Das Wichtigste ist doch bei allem,
es muss primär nur dir gefallen!

# *Die Urne*

Wenn ich dereinst in einer Urne liege,
im lichten Schatten einer Eiche,
und nur noch wenig' Kilo wiege,
weil verbrannt wurd' meine Leiche.
Ob von mir dann noch was bleibt?
Entflieht die Seele dann weit fort?
Ob sie sich weiter hier rumtreibt
und wandert nun von Ort zu Ort?
Die Antwort kann mir keiner geben,
weil niemand kam jemals zurück.
Drum leb mit Lebenslust dein Leben;
und wirst du alt, dann hast du Glück!

# Das Leben

Da wirst geboren, entdeckst die Welt,
Hürden werden in deinen Weg gestellt.
Du hüpfst hinüber, doch bleiben Narben,
und wieder kommt ein tiefer Graben.
Der Kampf geht weiter, Stund für Stund
und trotzdem war dein Leben bunt.
Die Liebe machte vieles besser,
bald kamen stillere Gewässer.
Nun wirst du alt, du brauchst nicht viel,
bald ist's vorbei, des Lebens Spiel.
Nun – soll das Paradies doch warten,
geh einfach lieber in den Garten.

# Die Zeit

Die Zeit vergeht, egal wie's Wetter,
persönlich find ich Sonne netter.
Was willste machen, so ist es halt.
Erst biste jung, dann wirste alt.
Das lässt sich überhaupt nicht ändern,
du solltest froh durchs Leben schlendern,
bestaun die Schönheit dieser Welt,
das kannst du haben ohne Geld.
Lächle ins Leben und spür das Glück,
denn dieser Moment kommt nie zurück.
Und wenn du lächelst, wirst du sehen,
es kann dir niemand widerstehen.
Die Miesepeter lass links liegen,
betrachte sie mehr als läst'ge Fliegen.
Wer will schon Fliegen in seinem Haus?
Drum schmeiß die Fliegen alle raus!

# *Politiker*

Ich war's nicht, der da ist schuld!
Der hat mich etwas eingelullt.
Ich bin doch immer sehr korrekt
und habe auch kein Geld versteckt.
Meine Weste ist blitzsauber,
ich mache keinen faulen Zauber.
Ich bin unschuldig wie ein Kind
und bin euch allen wohlgesinnt.
Wählt mich, nur ich bin für euch gut,
die Redlichkeit strömt durch mein Blut.
Nur ich rett' unser schönes Land,
ich fahr die Welt nicht an die Wand.
Glaubt mir, mit mir wird alles gut,
seid nur vor and'ren auf der Hut!

# Tattoo

Nackte Männer sind ohne Frage,
nichts Besond're s heutzutage.
So standen zwei sich gegenüber,
sie duschten nach dem Sport.
»Gib mir doch mal das Duschgel rüber«,
sagt der, der gerne auch mal schnorrt.
»Das gibt's doch nicht!«, sagt der Gefragte,
als er das Gel ihm rüberreicht,
ist fassungslos, als er noch sagte
und sich per Blick mit ihm vergleicht:
»Du hast ja nicht mal ein Tattoo
und auf der Brust hast du noch Haare!
Das ist doch heut völlig tabu,
beamt dich zurück um tausend Jahre.
Und genital bist' auch behaart,
was soll ich denn nur davon halten?
Möcht' wissen, wer sich mit dir paart,
das gefällt doch allenfalls den Alten«.
Der andre grinst, schaut überlegen,
geht draußen auf ne Schönheit zu.
Die läuft ihm ungestüm entgegen,
der andre neidisch denkt: Nanu?
Und die Moral von der Geschicht',
häng nicht die Fahne in den Wind,
schau dir nur kritisch ins Gesicht
und bleib dir selber wohlgesinnt.

# Der Wein war schuld

Ich wagte mit dem Leben einen Deal,
denn manches war mir zu subtil,
besiegelte es mir mit Händedruck.
Dazu nahm ich nen tiefen Schluck,
goss noch mal nach, leerte die Flasche.
Dabei ich mich selbst überrasche:
Was wollt ich gleich noch für'n Deal?
Das ist mir alles grad zu viel.
Es ist mir irgendwie entfallen,
doch sicher werd' ich's morgen
wieder schnallen.
Es war was mit faul sein und genießen.
Ich werd' es morgen neu beschließen!
Hicks!

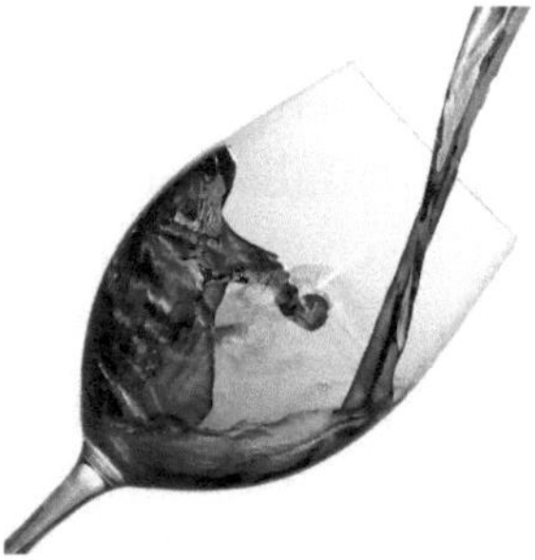

# Lavendel

Er blüht so blau und duftet herrlich,
im Garten ist er unentbehrlich.
Lavendel heißt der Wunderbare,
an ihm im Garten ich nicht spare.
Er hübscht mir viele Ecken auf,
auch Weiß und Rosa ich noch kauf.
Die Blüten fülle ich in Säckchen,
und häng sie auf in manchem Eckchen.
So freu ich mich das ganze Jahr,
dass er zu Gast im Garten war.

# *Heiß*

Schon wieder ist es tierisch heiß,
an meinem Körper rinnt der Schweiß.
Ich sitze und beweg mich nicht,
damit nicht noch mehr Schweiß ausbricht.
Auch unser Hund wird stets gekühlt,
damit er sich gleich besser fühlt.
Am bestens mach ich mich gleich nackig,
obwohl – ich bin nicht mehr so knackig!
Ach, lass ich's doch mal lieber bleiben,
werd mich nur mit 'nem Gel einreiben.

# Sonnenschein

Ich sitze hier im Sonnenschein,
die Vögel tirilieren,
den schönen Tag, den saug ich ein,
vorbei ist's mit dem Frieren.
Ich schau gebannt zum Himmel hoch,
es ist fast wie ein Schweben,
wird meine Seele dann dereinst,
im großen Kosmos weiterleben?
Dann ist's vorbei mit Freud und Kummer.
Das ist dann eine andre Nummer.

# Zufriedenheit

Ich sag es frei heraus:
»Ich bin mit mir zufrieden!«
Vielleicht zu dick so um die Hüfte,
die Beine könnten dünner sein.
Na ja, die Haare sind zu spröde,
und auch die lange Nase ist gemein.
Die Falten um den Mund, die haben Furchen,
die Nägel sind zu rau und brechen ab,
die Lippen schmal, die Augen schwach
und auch mein Herz hält mich auf Trab.
Und dennoch, ich bin mit mir zufrieden,
ich denk mich einfach frech perfekt.
Trübsalblasen hab ich stets gemieden,
weil Missbehagen mich nur niederstreckt!

# *Der Herbst*

Der Wind lässt nach, die Sonne scheint,
der Himmel hat genug geweint.
Die Wassersammler sind randvoll,
ob ich die Kübel reinhol'n soll?
Ach nein, es ist noch viel zu früh,
ich später mich darum bemüh.
Das Laub fällt runter, immer mehr,
das nehm ich mir zum Mulchen her.
Viel Feigen hängen noch am Baum,
für Marmelade? – na mal schaun.
So hab ich immer was zu tun,
erst abends kann ich mich ausruh'n.
Dann schreib ich oft noch eine Zeile.
Ihr seht, ich hab nie Langweile!

# *Gartenzeit*

Die Jahreszeit zeigt ihr Gesicht,
es blüht an allen Ecken.
Der Garten ruft »Komm pflege mich!«,
der Dünger will aus seinen Säcken.
Da werd ich wohl zum Rechen greifen,
mir erst die Handschuh überstreifen.
Und los geht's mit dem Gartenjahr.
Bind noch ein Band ins blonde Haar
und bin sogleich perfekt startklar:
The same procedure wie jedes Jahr.

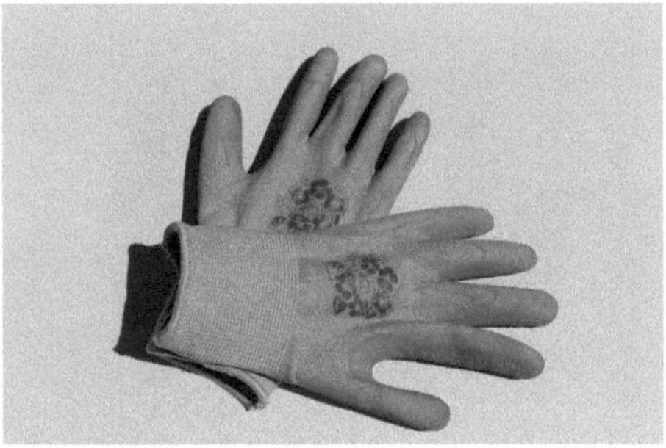

# *Sauer*

Du bist grad sauer, schreist herum,
da bleibt der Ehemann ganz stumm.
Schnell ist's dir peinlich, schaust verlegen,
wie konnt' ich mich nur so aufregen?
Da grinst der Liebste, spricht drei Worte,
die drei, von der speziellen Sorte.
I love you formt er mit dem Mund.
Zum Ärgern gibt's nun keinen Grund.
Nun wirst du weich, du wirst ganz schwach,
ganz plötzlich ist er fort, der Krach.
Du kuschelst dich ganz nah heran,
küsst ihn und nennst ihn Lieblingsmann.
»ich schau gleich Fußball«, meint er sacht.
»Mal sehn, was heut die Liga macht.«
Und schon ist er gedanklich fort.
Nix mehr mit Liebe – nur noch Sport!

# Die Faulheit

Die Faulheit macht die Glieder schlapp.
Sie sagt: »Bleib doch noch etwas liegen.«
Der Magen aber schreit und knurrt,
will endlich was zu essen kriegen.
Die Lunge ruft: »Beweg dich mal
und atme ganz tief ein,
ich brauche Sauerstoff fürs Blut,
am besten frische Luft soll's sein.«
Da ruft die Haut: »Dusch mich mal ab,
mein Nachtschweiß muss herunter.
Ich mag es gern, wenn Wasser mich benetzt,
ich fühl' mich dann erst munter.«
Doch auch die Blase drängelt sich weit vor.
»Du musst den Speicher sofort leeren,
mein Muskel sonst vielleicht erschlafft,
dann wird die Niere sich beschweren.«
Doch plötzlich schreit das Hirn ganz laut:
»Jetzt steh doch endlich auf, du Kreatur!
Wie soll ich sonst den Alltag schaffen,
mach hin und komm jetzt in die Spur!«

Na gut, ich nehm das erste Bein,
häng es zum Bett hinaus,
das zweite Bein folgt danach sogleich,
ich stell mich kerzengerade auf.
Nun noch die Arme in die Luft,
paar Beugen runter in die Knie.
Ich schau hinaus, seh' Sonnenschein,
hier bin ich! Fit wie nie!

# Herbstwind

Spürst du den Herbstwind, wie er streichelt,
wie die Natur den Augen schmeichelt?
Obwohl die Sonne sich macht rar,
ist noch ein laues Lüftchen da.
Der Sommer sagt nun leis' ade,
das tut mir jedes Jahr gleich weh.
Vorbei die warme Zeit dies' Jahr,
verkürzt die Frist, die ich noch da.
Es gibt nur eins, ich nehm es hin,
dass ich auch nicht unendlich bin.
Du wirst geboren, gehst deinen Weg,
und einst nimmst du den letzten Steg!
So ist das nun! Man kann nix ändern,
nur mutig durch das Leben schlendern
und das mit Freude, das ist wichtig,
dann machst du alles völlig richtig!

# Falsch gedacht

Ich dachte heut', ich wäre jung.
Sprang aus dem Bett mit altem Schwung.
Schon reißt es schmerzhaft mir im Rücken,
ich kann mich nur noch langsam bücken.
Was soll's, es wird schon wieder,
denk ich für mich, streck alle Glieder,
weit in die Höh' und stöhne laut.
Mein Mann mich dabei schräg anschaut.
Das Radeln auf dem Ergometer,
das verleg ich heut auf später,
denn ich muss ja noch die Koffer packen,
die Jeans, die Pullis und die Jacken,
weil endlich geht es mal on Tour,
wir verfolgen dann 'ne Uraltspur,
die einst die Ahnen hinterließen.
Die Putzfrau wird die Blumen gießen,
die Tochter ist in guten Händen,
der Hund bleibt in den eignen Wänden.
Und trotzdem fühlt sich's komisch an,
weil plötzlich WIR sind einmal dran.
Na ja, es wird schon funktionieren,
werden uns hier und da mal einquartieren.
Das Ziel ist klar, die Route steht.
Mal sehen, wie der Wind dort weht.

# Mohn

Gestatten, Mohn, das ist mein Name,
und wenn ich mich bei euch versame,
dann solltet ihr euch wirklich freuen,
weil sich die Samen weit verstreuen.
Ich blühe rechts, links und auch quer,
mich dann zu mögen ist nicht schwer.
Mach alles rot und leuchte raus,
da staunt auch selbst die kleine Maus.
Ich bin genügsam und robust,
nur bei viel Wind hab ich Verlust.
Drum freu dich, wenn ich dich beehre.
Bis dann, ich freu mich auf unsere Affäre.

# Träume

Ich kletterte auf höchste Bäume,
lief barfuß durch den dunklen Wald.
Oh je, was hatte ich für Träume,
bevor das Leben sagte: »Halt!«
Ich liebte, lebte, funktionierte,
es war nicht alles wunderschön.
Und wenn ich heute so resümiere,
da muss ich mir doch eingestehen:
Ich habe vieles, was ich wollte,
erkämpft, erreicht und umgesetzt.
Wenn manches auch mal rückwärts rollte,
hab ich auch diese Zeit geschätzt.
Noch immer klettre ich auf Bäume,
lauf barfuß durch den dunklen Wald.
Doch nur des Nachts, wenn ich träume,
denn in Wahrheit bin ich ziemlich alt.
Ist es nicht schön, wie in Erinnerungen,
das Leben wieder von vorn beginnt,
du bist von Zuversicht durchdrungen,
nichts tut dir weh, du bist beschwingt.
Dumm nur, dass dann am andren Morgen,
der Spiegel schonungslos anzeigt,
nichts bleibt in deinem Gesicht verborgen,
kein Jahr dein Antlitz dir verschweigt.

# Matt

Ich sitze hier, bin völlig matt,
die Knochen tun mir weh.
Gegessen hab ich, bin gut satt,
ich trink nur noch 'nen Tee.
Zuvor hab ich noch umgetopft,
es konnte nicht mehr warten.
Hab Erde in den Topf gestopft,
dann kam er in den Garten.
Dabei hab ich mich überschätzt,
der Topf war viel zu schwer.
Mein Rücken hat sich widersetzt,
nun ham wir das Malheur!

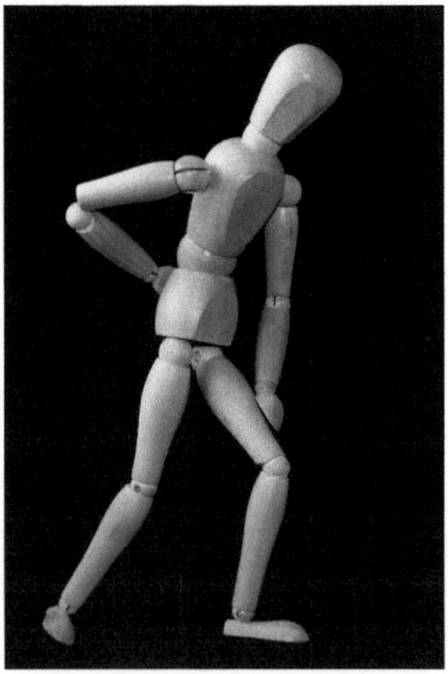

# Die alte Buche

Im Schatten einer alten Buche,
ich grübelnd nach der Wahrheit suche,
die mir nun sagt ganz klipp und klar,
was richtig oder falsch im Leben war.
Da kommt ein Wind auf mit viel Regen,
für unsren Garten ist's ein Segen.
Ich laufe schnell zurück ins Haus,
mach diesen Gedanken den Garaus.
Schau nicht zurück und denke mir:
Was soll's, ich leb im Jetzt und Hier.
Rückwärts kann ich eh nichts ändern,
werd weiter durch das Leben schlendern.
Bemüh mich, schaue nur nach vorn
und sticht mich wieder mal ein Dorn,
dann weiß ich, Rosen haben Dornen,
es gibt sie indes in vielen Formen.
Medaillen haben auch zwei Seiten,
es gibt Erfolg, aber auch Pleiten.
Was will ich machen, so ist das eben,
man nennt es einfach nur das Leben.

# *Das Virus*

So richtig faul darf man nun sein,
denn viele sind nur noch daheim.
Ein Virus unser Sein beschränkt,
viel freie Tage hat es uns geschenkt.
Da wird gesaugt, geputzt, gebügelt
und Bilder werden angedübelt.
So ordentlich war's fast noch nie,
nur nicht bei mir, ich hab's im Knie.
Ich nehm die Tage, wie sie kommen,
jetzt noch die Feiertage für die Frommen.
Ich bleib zu Hause, geh in den Garten,
die Hausarbeit, die soll halt warten.

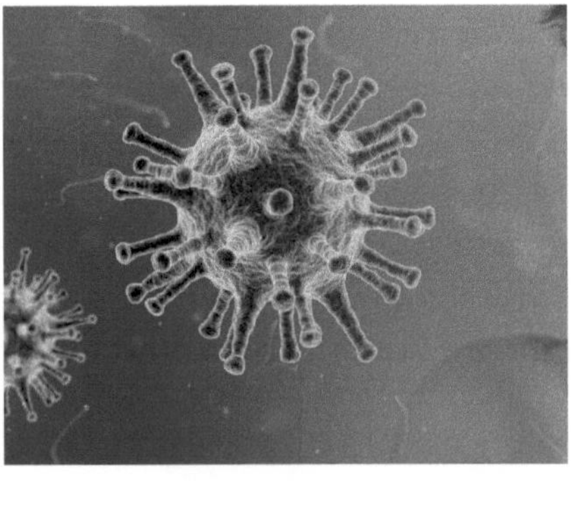

# Das Los der Hausfrau

Täglich gibt es neuen Dreck,
den macht dann meist die Hausfrau weg.
Und der Mann stellt sich dumm an,
sagt, dass er nicht putzen kann.
Damit ist wohl allen klar,
wie der Plan dahinter war.
Denn ist ja viel bequemer
und zudem auch angenehmer,
ruhig zu sitzen, zuzuschauen,
hin und wieder abzuhauen.
Das zu machen, was man mag,
das versüßt doch jeden Tag.
Und am Abend, schwer erschöpft,
wird 'ne Flasche Wein geköpft.
Ach, was war heut wieder Stress,
jammert er und schaut ganz kess.
Ne Massage wär' jetzt gut,
denn du bist ja ausgeruht!

# Falten

Eine Falte fühlt sich allein,
da lädt sie weit're Falten ein.
Zuerst kam eine, ziemlich fett,
die ließ sich nieder, gar nicht nett,
an deutlich exponierter Stelle.
Die alte Falte war empört
und fand es ziemlich unerhört,
drum lud sie weit're Falten ein.
Mit ihnen kam sie überein:
»Du lässt dich hier, du dort hernieder.«
Die Dünnen durften auf die Lider.
Als alle saßen auf ihrem Fleck,
war klar, dort geh'n sie nicht mehr weg.
Doch plötzlich kam 'ne Hand mit Creme,
das fanden sie nun sehr extrem.
Die alte Falte brüllte laut zu allen:
»Das macht nichts, lasst es euch gefallen,
die Behandlung ist ganz ungefährlich,
die Auffrischung ist wirklich spärlich,
denn schon nach kurzer Zeit,
ihr alle wieder sichtbar seid.

Wir werden uns noch mehr vermehren,
und keine Creme kann das erschweren,
am Ende wird die Salbe kapitulieren,
wir lassen uns doch nicht schikanieren.
So war es immer, wird es sein,
ich weiß, wir sind ganz schön gemein!«

# Gedanken

Gedanken können herrlich sein,
sie fliegen mit mir ganz weit fort.
Sitzen am Meer mit mir allein,
Wellen bewegen sich von Süd nach Nord.
Ich spür den Sand zwischen den Zehen,
spür heiß die Sonne im Gesicht.
Solch Augenblicke sollten nie vergehen,
sie sind sogar im Alltag Pflicht.
Nur dann des Nachts sind sie prekär,
denn Schlaf stellt sich nicht ein,
weil viele Bilder schieben sich unfair,
störend in meine Gedankenwelt hinein.
Da gibt's für mich nur einen Trick:
Ich atme ein, halt an und atme aus.
Vielleicht meinst du, das wär ein Tick?
Probier es! Mach deiner
Einschlafstörung den Garaus!

# Das Lächeln

Ich kenn dich nicht, du kennst mich nicht,
wir sahen uns nur freundlich an.
Ich sah dein Lächeln im Gesicht,
ich schmunzelte zurück und dann,
sah alles gleich viel heitrer aus,
ich ging beschwingt über die Wiese
und pflückte einen Blumenstrauß.
Wie weggefegt war meine Krise.

# Scherben bringen Glück

Ein Teller fiel krachend zu Boden,
entlockte mir fast einen Schrei.
Das ist so eine der Episoden,
bei der ich nicht so gern dabei.
Klopft nun das Glück an meine Tür?
Ich hoffe sehr, denn die Gebühr
hab ich bezahlt, weil ja der Teller,
der kostete so ein'ge Heller!

# Bunte Blätter

Wenn die Blätter wieder bunt
und raus will nicht einmal der Hund!
Wenn's draußen regnet, kalt der Wind,
und man sich auf sich selbst besinnt.
Ein gutes Buch, ein guter Wein,
das soll heut mein Begleiter sein.
So leg ich meine müden Glieder,
gemütlich auf dem Sofa nieder.
Ich hoffe, euch geht's auch so gut.
Lehnt euch zurück und habt den Mut,
lasst heut die Arbeit Arbeit sein,
Salute! Ich prost euch zu mit meinem Wein!

# *Bescheiden*

Ich brauch nicht viel, ich bin bescheiden.
Nur etwas Service könnt' ich leiden.
Ne Frau, die meine Fenster putzt,
ein Mann, der meine Pflanzen stutzt.
Schön wäre auch, wenn jemand näht,
den Boden wischt, den Rasen mäht.
Vielleicht noch jemand für die Wäsche,
fürs Bügeln und die Kuchenbleche.
Ach ja, ich bin doch sehr bescheiden,
deshalb kann ich mich super leiden!

# Die Fliege

Die Fliege saß grad auf dem Mist,
was draußen nicht verboten ist.
Kurz drauf sie flog zum Fenster rein
und setzte sich auf Peters Wein.
Dort sondert sie Bakterien aus,
ihr Rüssel saugte Wein dann auf,
bevor sie taumelnd fiel ins Glas.
Da meinte Peter: »So, das war's!«
Er nahm das Glas und goss den Wein,
ins nah gelegne Klo hinein.
Sein Durstgefühl war ihm vergangen,
er griff nun zu den Käsestangen.
Und die Moral von der Geschicht:
»Trink nicht im Dunkeln, mach dir Licht!«

# Herdentier

Der Mensch, der ist ein Herdentier,
läuft gerne schreiend mit den Massen.
Das drückt sich aus auch in der Gier,
die Andersdenkenden zu hassen.
Dann gibt es die, die woll'n
sich unterscheiden,
die können meist Normalos gar nicht leiden.
Sie hängen sich gern nen Ring
an Ohr und Nase,
meist folgt noch die Tattoo-Ekstase.
Zu Otto Normal steht das in
heftigem Kontrast.
Ein jeder sieht sofort, zu wem er passt.
Nur blöd, wenn alle andern auch,
fleißig teilen diesen Brauch.
Dann ist man wieder einer nur von vielen,
und muss erneut nach Spektakulärem schielen.
Der Hipsterbart lässt sich ganz
leicht entfernen,
Tattoos beseitigen, das muss man
erst noch lernen.

Vielleicht wär'n lange Haare mit nem Knoten,
seitlich ganz kurz, mit lila Streifen,
jetzt geboten?
Ich bin ganz sicher, für den äußeren Schein,
trendy und supercool,
fällt manchen noch was ein.

# *Heiß*

Was soll ich sagen, mir ist heiß,
von meiner Stirn, da rinnt der Schweiß.
Mein T-Shirt ist auch ziemlich feucht,
sogar mein Atem seltsam keucht.
Was ist nur los mit diesem Wetter?
Im letzten Jahr war's auch nicht netter.
Ich werd mir etwas Schatten suchen,
am besten oben bei den Buchen.
Dort stell ich gleich die Liege auf
und leg mich ungeniert dann drauf.
Bis just mein Liebster kommt mit Eis,
Mensch Leute, ist mir's wieder heiß!

# *Wind*

Blätter bewegen sich im Wind,
Staub fliegt durch die Straßen,
Mäuse verstecken sich geschwind,
nur Schafe auf der Wiese grasen.
Dunkle Wolken bringen Regen,
bald geht's los mit dem Gewitter.
Für die Erde ist's ein Segen,
doch für mich ist's gerade bitter.
Ich steh schutzlos auf nem Feld,
rundum duftet Thymian.
Fürchte mich, ich bin kein Held,
hab nur 'ne dünne Bluse an.
Werd wohl nass nach Hause kommen,
selber schuld, ich dummes Huhn!
Hätt den Schirm ich mitgenommen,
wär gegen Nässe ich immun.

# Feiertage

Ich sag mal nichts zu vielen Dingen,
die mir hier stets die Zeit abringen,
denn nun kommen ruhige Tage,
da stellt sich oft die große Frage:
Was schenkst du, kochst du, wirst du machen?
Lässt du es nun mal richtig krachen?
Wer fromm ist, wird Hosianna singen,
und Weihnachtslieder werden klingen.
Soll ich verraten, was wir machen?
Nix Hosianna und all so Sachen.
Wir schlafen lang, weil niemand klingelt,
dabei werden wir vom Hund umzingelt.
Der will sein Frühstück, dann in den Garten,
so dass wir in den Tag rein starten,
mit Tee, Butter, Brötchen, Marmelade,
relaxen wir, lesen uns durch digitale Pfade.
Und ganz am Ende sagen wir:
The same procedure as every year!

# Das Warten

Die Sonne scheint, 's ist knackig kalt,
und dennoch kommt der Frühling bald.
Ich seh es an den neuen Trieben,
die sich schon in die Höhe schieben.
Tulpen, Iris, Hyazinthen, auch die im Schatten
die steh'n bei mir in den Rabatten.
Die werden wohl als erste blühen,
denn sie gehören zu den frühen.
Ich freu mich drauf – mach's so wie ich,
dann kommt der Frühling auch für dich!

# Der Osterhase

Der Osterhase ist verwirrt,
weil eine Wespe ihn umschwirrt.
Er scheucht sie weg, doch dann, oh Schreck,
da fliegen ihm die bunten Eier weg.
Er wollte sie im Garten hier verstecken,
da fällt er rückwärts in ein Wasserbecken.
Fluchend zieht er nass von dannen,
Immer diese blöden Wasserwannen!

# *Natur*

Die Natur, die war schon vor uns da
und wird auch nach uns bleiben.
Sie ist unbeschreiblich wunderbar,
wenn wir auch vieles hier vertreiben.
Lass sie in Ruhe, du wirst sehen,
wie schnell Grünzonen neu entsteh'n.
Dazu braucht es nicht mal unsere Pflege,
der Mensch ist hier oft nur im Wege.
Lass der Natur doch ihren Lauf
und nimm ein Unkraut mal in Kauf!

# Frieden

Neid, Hass und Missgunst überall
und manche machen gern Krawall.
Auch gibt es Menschen auf der Welt,
denen geht es nur ums Geld.
und sind sie von ihrer Macht besessen,
woll'n sie die ganze Welt erpressen.
Dabei sie ständig manipulieren,
betrügen, lügen, denunzieren.
Das Ganze wird politisch unterstützt,
wenn es dem eignen Vorteil nützt.
Tödliche Waffen werden hergestellt,
und dann verteilt in alle Welt.
Von manchen wird uns suggeriert,
dass man nur helfend einmarschiert.
Sagt, wie sollen wir uns wehren?
Sollen wir den Heiligen Gral beschwören?
Lasst uns die Welt entgiften,
tragt eure Liebe in die Welt,
nur so lässt sich Frieden stiften,
er ist viel kostbarer als Geld!

# Plötzlich

Plötzlich war da* ›*‹ ver*chwunden,
bi* jetzt hab ich e* nicht gefunden.
Vielleicht *paziert e* durch den Garten,
will auf die warme *onne warten.
Wenn'* bi* heut Mittag nicht zurück,
ver*uch ich *päter halt mein Glück!

# Schnecke

Die Schnecke schaut nur kurz heraus,
geht schnell zurück ins warme Haus.
Sie hat sich in der Zeit geirrt,
was sie nun wirklich sehr verwirrt,
weshalb sie schnell ihr Haus verschließt
und weiter schläft, bis's wieder sprießt.
Sie dachte, weil's so mild im Garten,
da wollt' sie halt nicht länger warten.
So ist sie viel zu früh erwacht.
Sie gähnt und wünscht sich selbst:
»Gut Nacht!«

# Zufrieden

Meckern ist dein liebster Sport.
Kontra ist dein Lieblingswort.
Findest wenig wirklich wichtig,
nur was du meinst, hältst du für richtig.
Kritisierst an allem rum,
findest stets die andern dumm.
Hast noch niemals was vollbracht,
andere nur blöd angemacht,
Hast gefordert und gedroht,
gönnst keinem die Butter auf'm Brot.
Weil du selber nichts vollbracht,
hast auch keine Fehler gemacht.
Zeig doch mal, wo ist dein Talent?
Oder bist du arbeitsabstinent?
Theorie und Praxis sind verschieden,
nur die Praxis macht zufrieden!

# *Danke*

Ich möchte jetzt mal danke sagen,
den zweien, die links und rechts platziert.
Die mich gekonnt durchs Leben tragen,
was hab ich sie schon ramponiert!
Mit kleinen Schritten fing es an,
und bald schon kam das Laufen dran.
Dann kletterten sie mit mir auf Bäume,
sie rannten flink über roten Sand,
durchschritten mit mir viele Räume
und liefen nackt mit mir am Strand.
Ich möchte dennoch nicht vertuschen,
dass sie mir oft auch weh getan.
Da half es nichts, sie nur zu duschen,
es war dann Salbe oft mit dran.
Ich schau sie an und bin zufrieden.
So viele Jahre im Konvoi!
Ich werd euch immer weiter lieben,
geliebte Füße, bleibt mir treu!

# *Richtig oder falsch?*

Wer weiß denn schon, was richtig ist?
Weiß man das nicht erst hinterher?
Tagtäglich liest man so viel Mist,
all das zu glauben, fällt dann schwer.
Die Klugschwätzer verbreiten Müll,
versammeln um sich viele Jünger,
verstreuen lauthals mit Gebrüll,
die Unwahrheit wie Flüssigdünger.
Sortier die Dinge, denk drüber nach,
wo kommt es her, wer hat's gesagt?
Benutz dein Hirn und bleibe wach,
die Wahrheit wurde zu oft verjagt.
Bild dir 'ne Meinung nur nach Fakten,
nicht alles ist schwarz oder weiß,
red nicht nur nach, was andere sagten,
sei selbstbewusst und red kein Scheiß!

# Neustart

Ich wollte, ich hätt', ich würde gern …
Dein Leben, es möge dir gelingen.
Wir glauben, lieben, hoffen …
Was wird das neue Jahr uns bringen?
Bist du der, der du sein willst?
Oder hast du nur das Pech getroffen?
Der Neustart-Knopf liegt nun bereit,
schau nur nach vorne, nicht zurück,
und mach das Beste aus der Zeit!
Versuche es, ich wünsch dir Glück!

# Die Vielfalt der Liebe

Er liebt sie und sie liebt ihn,
das ist doch einfach ideal.
Er liebt sie, sie liebt einen anderen,
das ist nun wirklich sehr fatal.
Er liebt ihn und sie liebt sie,
das war einst ein Skandal.
Wer Tiere, Pflanzen, Umwelt liebt,
ist lebensfroh und liberal.
Drum öffnet weit eure Herzen,
für alles, was ihr liebt,
Hass bereitet doch nur Schmerzen,
weil er die Liebe von sich schiebt.

# *Faul*

Ich nehm grad meine faulen Tage.
Les viel, lieg rum, und zu mir sage:
Wenn's wärmer wird, werd ich mich regen,
die Wege und die Terrasse fegen!
Werd bald mal auch den Garten checken,
denn dort keimt's schon in allen Ecken.
Ich muss noch viele Stauden schneiden,
um mich später an ihnen zu weiden,
am Duft der Blüten und der Farben,
dann muss ich zudem noch etwas graben,
denn Unkraut hat, welch Niedertracht,
sich überall schon breitgemacht.
Und wenn der Garten wieder schick,
hab ich entspannt ihn voll im Blick.
Leg mich zufrieden auf die Wiese,
les viel, lieg rum und ich genieße!

# Die Lärche

Es stürmt und bläst ganz fürchterlich,
der Wind fegt durch die Gassen.
Er tobt hier wie ein Wüterich,
die Bäume Zweige fallen lassen.
Die Tannen schwanken hin und her,
das Aufrechtstehen fällt ihnen schwer.
Es fliegen Äste durch die Luft,
dazu riecht man auch Tannenduft.
Bang schaue ich zur Lärche hin.
Ein Glück, ich steh im Zimmer drin.
Sie biegt sich hin, sie biegt sich her.
Ich schau sie an, es fällt mir schwer.
»Du schaffst das schon!«, ruf ich ihr zu.
Ganz plötzlich gibt der Wind mal Ruh.
Ich zwinker rüber, sie zurück,
»Na siehste Baum, wir hatten Glück!«

# *Die Böe*

War kurz im Garten und, oh Schreck,
gleich flieg ich mit der Böe weg.
Ich wackle schon, steht nicht mehr fest,
ob mich der Sturm noch reingehn lässt?
Der Paul, der schnuppert in den Wind,
ich glaub, der freut sich wie ein Kind.
Bevor der dürre Ast noch kracht,
ham wir uns schleunigst reingemacht!

# Die Maus

Huch, was haste mich erschreckt!
Du warst wohl hier im Beet versteckt.
Nun schaut nur deine Nase raus,
du freche, kleine, graue Maus.
Jetzt hauste ab, du bist wohl satt,
ich seh's an dem Kohlrabiblatt,
dass es dir prima hat geschmeckt,
und an den Bohnen hast geschleckt.
Jetzt rennst du wohl zu deinesgleichen,
die auch mal gerne hier rumschleichen.
Ich schlage vor, du gehst ins Feld,
denn mein Gemüse spart mein Geld.
Es schmeckt auch mir, das darfste glauben.
Drum lass das sein, das mit dem Rauben.
Auch hintern Gartentor ist Platz,
sonst ruf ich gleich des Nachbarn Katz.
Die sitzt hier immer auf der Lauer.
Ich empfehle dir, sei einfach schlauer!

# *Knackig*

Innen bin jung und knackig,
spring durch Wiesen, die Füße nackig,
schlag Purzelbäume wie ein Kind,
fühl mich frei so wie der Wind.
Doch das ist nur Illusion,
das ist mir klar, das weiß ich schon!
Denn es knackt hier und es knackt da,
es ist nichts mehr, so wie's mal war.
Was soll ich tun, ich kann nur lachen
und dann das Beste daraus machen,
denn alles altert, so auch ich,
und glaub mir, es erreicht auch dich!

## Krawall

Ich mach mal kurz die Augen zu
und träum mich weg von hier,
denn manches find ich grad partout,
empörend, so dass ich deshalb frier.
Sie schlagen sich die Köpfe ein,
schreien Parolen durch die Luft.
Werfen mit Steinen, sind hundsgemein,
ein jeder ist ein übler Schuft.
Wie soll denn jemals Frieden sein,
auf dieser so geplagten Welt?
Lässt uns die Liebe grad allein,
hat ihr der Hass den Weg verstellt?

## Pläne

Du planst nach vorne, nie zurück
und wenn es eintrifft, hast du Glück.
Doch meist kommt's anders, als man denkt,
und hast ne Chance du verpennt,
dann musst ein neues Ziel dir suchen,
das dich begeistert, dich berührt,
sonst bist erneut nur angeschmiert!

## Frau Raute

»Wir schaffen das«, sagt einst Frau Raute,
dabei sie in die Kamera schaute.
Nun sieht sie ein, nach vielen Jahren,
nachdem sie alle kamen in Scharen,
dass die Probleme dieser Welt,
die löst man nicht nur mit viel Geld.
So kann es hilfreich sein zu denken
und sich auch manchmal zu beschränken.

## Abgeschmiert

Ich sitz nur rum und bin blockiert,
denn mein Elan ist abgeschmiert.
Ich bin erschöpft, die Kraft flog weg,
ich leg mich gleich ins Sofaeck,
schließ beide Augen ganz fest zu,
denk: Lasst mich heute mal in Ruh!
Man kann nicht immer funktionieren,
es muss erlaubt sein abzuschmieren.

# *Das Alter*

Wenn's knackt, und drückt, mal hier, mal da,
das Knie schmerzt und die Hände kribbeln,
und manchmal kannst du nur noch dribbeln,
wenn Bücken dir nur schwer gelingt,
dann ist's so weit,
das Alter dir sein Liedchen singt!
Du denkst, du wärst noch jung und frisch,
da plötzlich spürst du einen Stich.
Dein Herz, es stolpert, dir wird flau
und manchmal gibt's auch einen Stau.
Das Atmen fällt dir nicht ganz leicht,
dein Partner dir die Hand dann reicht.
Er hält dich fest, gibt dir ne Pille,
dann brauchst du erst mal etwas Stille,
bis alles wieder überwunden.
Das Herzrasen ist nun verschwunden.
Dann geht es weiter mit dem Leben,
du weißt: das Alter! So ist es eben.

# *Blutdruck*

Mein Blutdruck macht grad, was er will,
er ist die Memme in Person,
verhält sich nicht mal einfach still,
meist hör ich's am gemess'nen Ton.
So geht er ständig hoch und runter,
und manchmal ist mir blümerant,
doch meistens bin ich normal munter
und find es auch nicht groß riskant.
Sporadisch, wenn er ganz weit unten,
dreh ich im Sofa ein paar Runden.
Dann leg ich mich matt in die Kissen,
nehm zu mir einen Leckerbissen,
schlaf ein und denk: Gemach, gemach,
ich lieg doch nur ein bisschen brach.

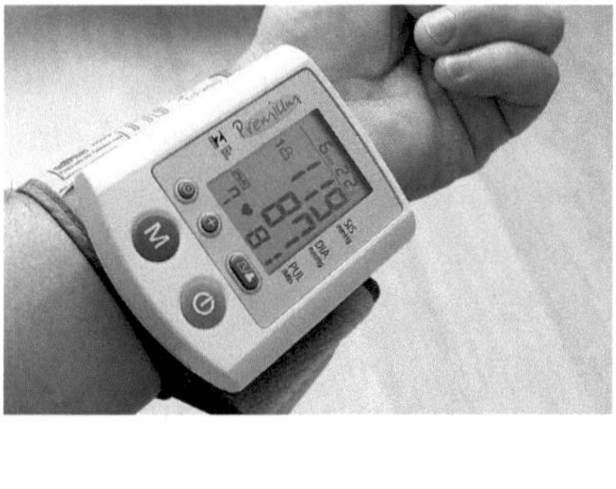

# Wahrheit und Lüge

Die Wahrheit rief die Lüge an,
schrie: Halt dich an die Fakten!
Du lügst, betrügst, hetzt Menschen auf,
veränderst selbst die wahren Akten!
Da lacht die Lüge, bläht sich auf:
Schweig doch, du dummer Wicht,
denn deine Wahrheit, lieber Feind,
interessiert die Menschen nicht!
Sie wollen Sensationen hören,
skandalös, derb und ungerecht.
Am liebsten von den Mächtigen,
die beherrschen das nicht schlecht.
Die Wahrheit schrie: Ich bin so müde,
ich komm nicht mehr dagegen an,
weil überall sie Fakes verbreiten,
es fehlt mir hier ein kluger Plan.
Wenn auch die globale Presse,
dir offenbar geht auf den Leim,
fühl ich mich hilf- und machtlos,
denn wieder wächst ein übler Keim.
Die Lüge schrie, du armer Wicht,
mich gibt's von Anbeginn der Welt!
Und wenn du etwas ändern willst,
ist's für dich schlecht bestellt.

Denn einmal in die Welt gesetzt,
bleibt immer etwas hängen.
Die, die das deutlich korrigieren,
die schlage ich um Längen.
Die Wahrheit brüllt: nun halt den Mund!
Ich sehe schwarz für unsre Welt!
Ich hasse dich, du mieser Hund,
denn meistens geht es nur ums Geld.
So gehen beide ihrer Wege,
traurig die Wahrheit, die Lüge lacht.
Doch auch die Hoffnung hörte zu,
mal sehen, was sie nun daraus macht.

# Ach, die Liebe

Ich wär so gerne rank und schlank,
wär gerne fit und niemals krank,
paar Jahr könnte ich auch verschenken,
würd gern noch an die Liebe denken.
Doch halt, das tue ich auch jetzt!
Denn wenn ER sich gegenübersetzt,
wird mir noch immer heiß und kalt.
Ergo, dann bin ich noch nicht alt!
Wenn's Herzerl immer noch so flattert,
trotzdem so manches an mir knattert,
könnt es doch sein, die Liebe lebt,
oder ob Vorhofflimmern mich durchbebt?

# Ein Hund

Manch einer weiß es, dass ein Hund,
freudlose Seelen macht gesund.
Da freut sich einer stets aufs Neue,
steht dir zur Seite voller Treue.
Wenn er dich sieht, ist er begeistert,
egal, wie du dein Leben meisterst.

# *Antonyme*

Wer laut ist, ist nicht leise,
was gelb ist, ist nicht blau.
Ne Amsel ist keine Meise,
wer dumm ist, ist nicht schlau.
Wer spricht, der ist nicht stumm,
wer lieb ist, ist nicht böse,
was gerade ist, das ist nicht krumm,
wer still ist, macht kein Getöse.
Hast du von allem etwas,
bist du die Vielfalt in Person,
und bist kein Miesepeter.
Na klar, wer will das schon?

# *Das große Schmatzen*

Wenn's dämmert und im Garten schmatzt,
schnauft, lärmt und eigentümlich kratzt,
dann könnt ein Igel Hunger haben.
Er wird sich an dem Fallobst laben.
Kurzsichtig, wie Igel nun mal sind,
führt er die Nase durchs Labyrinth.
So landet manch ein Wurm im Magen,
auch Käfern geht es an den Kragen.
Wenn dann sein Bauch ist vollgefressen,
sollt ihr das Wasser nicht vergessen.
Im Winter schläft er im Kompost,
dort bleibt er bis zum End' vom Frost.
Freu dich, wenn er bei dir haust,
Doch Achtung, er ist gern verlaust!

# Wahrheit

Mit der Wahrheit ist's so eine Sache,
die flaniert gern durch die ganze Welt.
Gut wäre 'ne Wahrheits-Wache,
die unverfälscht sie packt und hält.
Denn es gibt so viele Lügen,
die sich verbreiten wie der Wind.
Manch einer will auch nur betrügen,
macht andere für die Wahrheit blind.
Es ist so weit, man stellt infrage,
glaubt mittlerweile fast kein Wort.
Doch glaubt mir, was ich euch jetzt sage,
ich wünsch uns Harmonie, und zwar sofort!

# Mein Freund

Mein Freund, das ist ein super Typ,
den hab ich wirklich ganz toll lieb.
Sein dichtes Haar, die braunen Augen,
mir häufig meine Sorgen rauben,
wenn wir im Sofa eng umschlungen,
von Zärtlichkeiten sind durchdrungen.
Und er sich drückt ganz fest an mich,
da weiß ich, ja, den liebe ich!

# *Im Wald*

Wenn ich im Wald nach oben schau,
dort meine Gedanken in den Wipfeln
der Bäume wiederfinde,
dazu den Duft des sich zersetzenden toten
Holzes und der verrottenden Blätter einatme,
und hin und wieder einen Hauch
vom Methan der Pilze verspüre,
dann fühle ich mich der Natur näher
als anderswo.
Ich greife nach den Gedanken,
durchdenke sie erneut,
und hänge sie wieder an den Wipfeln
auf fürs nächste Mal.
Fort sind die Alltagssorgen,
fort das Streben nach Vollkommenheit.
Ich gehe mit der Natur eine Symbiose ein,
denn auch ich gehöre zum Kreislauf der Natur.
Und eines Tages werd' ich eins sein mit der Erde
und andere werden an meiner Stelle
durch den Wald wandern.

# Lästern

Er hat die Haare an den Ohren,
fast glatzenförmig abgeschoren.
Dafür ließ er dort an beiden Seiten,
zwei Ringe durch die Läppchen gleiten.
Auch an der Lippe glänzt es silbern,
will er vielleicht die Luft dort filtern?
Die Nase wurde auch durchstochen,
dort sitzt ne Kugel, leicht durchbrochen.
Was soll ich sagen, es ist interessant,
vielleicht ist er gern provokant?
Ich bin zu alt für solchen Scheiß,
seh keinen Sinn, weil ich nicht weiß,
weshalb soll ich die Haut durchbohren,
mich piercen lassen an den Ohren?
Mir kleine Löcher stechen lassen,
an Lippen, Brauen? Ich kann's nicht fassen!
Ja, selbst an ganz intimen Stellen,
gibt's Piercings und in manchen Fällen,
wurd sogar ein Penis schon gelocht.
Wer hat denn so was je gemocht?
Ich kenn den Nasenring von Tieren,
die kann man besser damit führen.
Ach Mensch, ich bin wohl doch von gestern,
drum darf ich hier ein bisschen lästern!

# Blitzeblank

Wär ich nicht faul, wär's blitzeblank,
und glänzen würd's in jedem Schrank.
Die Fenster wär'n wie unsichtbar,
der Fußboden sauber und klar.
Kein Tierhaar würdest du mehr finden,
was könnt' sich um die Schuhe winden.
Nun ja, ich frag nur theoretisch,
ich bin heut wohl nicht so ästhetisch,
denn ich bin faul, genieß den Tag,
wer weiß, was morgen kommen mag.
Dunkle Wolken könnten dominieren,
dann würd ich alles wieder kompensieren.

# Sehnsucht

Wenn das Herz im Himmel baumelt,
die Sonne sich im See spiegelt
und ich Wind, Wasser und Ruhe erlebe,
dann hat die Sehnsucht endlich Pause.

# Gesund

Du bist gesund,
zwar etwas rund,
was willste mehr?
Du bist zwar rank,
aber auch krank,
dann ist's oft schwer.
Am bestens ist's,
bist mäßig schlank,
hast dicke Kohle auf der Bank,
gesund und fit, machst alles mit,
dann bist du niemals blank.
Na, Gott sei Dank!

# Beim Wein

Ich bin nicht klein und trink gern Wein.
Komm, geh'n wir doch mal gleich hinein
und machen's uns so richtig fein.
Draußen kommt schon der Mondenschein,
dann nehm ich noch ein Gläschen Wein!
Du weißt, ich bin nicht gern allein.

# So viele Jahre

So viele Jahre – du und ich,
so viele Nächte neben dir,
du bist ein Teil von meinem Sein,
und wärst du nicht mehr hier bei mir,
dann wär ich fürchterlich allein.
So viele Jahre – du und ich,
die Liebe ging niemals verloren.
Kummer und Leid gab's auch genug,
doch Kampfgeist haben wir uns geschworen,
als wir erlebten Lug und Trug.
So viele Jahre – du und ich,
ein Dasein, ohne dass du bei mir bist,
wie sollt ich es ertragen?
Die Welt wär dann ja grau und trist,
das wollt ich dir nur sagen!
So viele Jahre – du und ich,
verlass mich nie, ich bitte dich,
bleib bis zur letzten Stunde.
Und wird das Leben jämmerlich,
dreh'n wir die letzte Runde.

# Brüderlichkeit

Schau dir die weite Welt mal an!
Hier gibt es überall viel Leid,
und Menschen mit großem Elan,
sind oft zur Hilfe schnell bereit.
Und dennoch schau ich sorgenvoll
auf unsre schöne, alte Erde,
weil alle, ja fast alle, folgen stur
nur ihrer eignen Herde.
Wo sind sie nur, die Visionäre,
die mutig neue Wege gehen,
und nicht nur nach dem Mammon sehen?
Vertreibt den Krieg, die Not, den Streit
und seid zur Brüderlichkeit bereit.
Wir haben nur diesen einen Planeten,
und der wiegt mehr als alle Moneten!

# Mehr Sein als Schein

Glaube nicht, du wärst der Größte,
auch der Schönste bist du nicht!
Schau dich um, es gibt so viele,
mit 'nem schöneren Gesicht.
Stapel tief, das macht sich besser,
gib nicht an, das mag man nicht.
Denk daran, dass ein gewetztes Messer,
gerne mal in deine Richtung sticht.
Es gibt hier auf Erden viel Talente,
alle wollen nach vorn ins Licht.
Für einige gibt's starke Momente,
die fallen deutlich ins Gewicht.
Sei bescheiden, doch entschlossen,
hab 'nen Anspruch an dein Ich.
Lass die unnötigen Possen,
irgendwann bist' meisterlich!

# Lang her

Ich kletterte auf höchste Bäume,
war selten sauber, meist verschrammt,
war fröhlich, pfiff und sang Valente,
ach, waren das einst glückliche Momente.
Auf der Straße konnte man mich treffen,
Rollschuh' mit Gummiband war'n stets dabei.
In Trümmerresten spielten wir Verstecken,
wenn auch mit Angst in dunklen Ecken.
Mit Bubblegum macht ich dicke Blasen,
draus wurde oft ein kleiner Sport,
das Wetter dazu war uns piepegal,
wir wollten Spaß – gleich hundertmal.
Die Fantasie war immer in Aktion,
die Abenteuer stürmisch und grandios.
Das ist lang her und doch so nah,
das Kind in mir, ist immer noch ein wenig da!

# Sehnsucht nach Meer

Die Sehnsucht mich akut beschleicht,
weil oft der Alltag nicht ausreicht.
Mein Herz will Sonne, Meer und Strand,
und mit dir liegen im warmen Sand.
Die Sorgen sollen zu Hause bleiben
und sich allein die Zeit vertreiben.
Komm, lass uns schnell die Koffer holen,
sonst wird uns nur die Zeit gestohlen.
Hurra, du denkst genau wie ich!
Na klar! … und deshalb lieb ich dich!

## Die Faulheit

Die Faulheit setzt sich zu mir her,
was soll ich machen, sie ist schwer.
Sie drückt mich in den Sessel rein,
stellt neben mich noch ein Glas Wein.
Erzählt mir, sie traf meinen Schwung,
der wär' ja auch nicht mehr so jung.
Er hätt' gejammert, braucht 'ne Pause,
relaxt im Bett bei sich zu Hause.
Und wenn er wieder richtig fit,
kommt er zurück, macht wieder mit.

## Hass

Wenn Hass sich in die Seele frisst
und man die Liebe dabei vergisst,
wenn man nur Negatives sieht,
und sich damit nur runterzieht,
dann wird es Zeit, sich zu besinnen
und die Erleuchtung zu gewinnen,
dass Liebe und ein freundlich Wort,
spülen den Hass schnell wieder fort.
Sonst wird aus deinem Herz ein Stein,
das kann, das darf, das soll nicht sein!

# Mein Schatten

Mein Schatten ist an meiner Seite,
er zeigt sich nur bei Sonnenschein.
Ob ich nun vorwärts oder seitlich schreite,
mal ist er groß, mal ist er klein.
Fotografier ich, ist er meistens störend.
Ich dreh mich hin und dreh mich her.
Ist er zu sehen, find ich's empörend,
ihn rauszuschneiden, ist oft schwer.
Lieg ich im Schatten großer Bäume,
find ich es meistens angenehm.
Besonders wenn ich von dir träume,
mein Lächeln kann dann keiner sehen.

# Am Strand

Heute Nacht lief ich durch feinen Sand,
ich war allein am Meeresstrand.
Die Wellen rauschten, die Möwen schrien,
umkreisten mich, so wie mir schien.
Die Luft war frisch, das Wasser schäumte,
die Sonne knallte und ich träumte,
von Freunden, die innig mit mir lachten
und freudig reichlich Blödsinn machten.
Die Einsamkeit mir jäh den Atem nahm,
ich weinte laut, da kam ein warmer Arm.
»Wach auf, du träumst!«, hör ich ganz leise.
Erleichtert ich zurück nun reise.
Es war wirklich schön am Meer,
und dennoch war's mir viel zu leer.
Fürs Alleinsein bin ich nicht gemacht,
hab ich mir als Diagnose nun gedacht!
Wie gut, dass ich lieg neben dir
und deine Nähe stets verspür.
Wenn du mir auch den Schlaf oft raubst,
weil du so unermüdlich schnaubst.
Dein Schnarchen gehört zum Glücklichsein,
Weil es mir sagt: »Ich bin nicht allein!«

# Die Rente

Die Faulheit kam grad hier vorbei,
sie grinste mich frech an.
»Nun setz dich hin und mach mal frei,
du hast heut schon genug getan!«
Dem Einwurf, »Ich hatte viel heut vor!«,
sie scherzend widerspricht:
»Du bist nicht zwanzig, liebes Kind,
was du sehr gerne mal vergisst!«
Ich wäge ab und denk: Wie wahr,
ich muss mich etwas schonen,
die Arbeit ist auch morgen da,
die Rente soll sich schließlich lohnen!

# Friedlich

Seid doch mal friedlich, Menschenkinder,
schreit doch nicht so, seid etwas linder.
Nur weil ich sage, was euch nicht passt,
werd' ich lauthals von einigen gehasst.
Macht's so wie ich, wenn mich was stört,
ich tu, als hätt ich's nicht gehört,
halt meinen Mund und denk für mich:
Bist du borniert, du renitenter Wicht!,
Denn aufregen, will ich mich nicht!

# *Humorbefreit*

Humorbefreit möcht ich nicht sein
und stellt das Leben mir ein Bein,
mach ich das Licht an, schau ins Helle
und kommt sogleich die nächste Welle,
stell ich mich hin und werd' halt nass.
Lauf schnell, bis ich erreich' den Pass,
der mir die Aussicht nicht verstellt,
auf die Schönheit unserer Welt.
Humorbefreit möcht ich nicht sein,
sonst stell ich mir ja selbst ein Bein.
Wenn auch das Leben mich oft schmerzt,
kämpf ich dagegen an beherzt.
Ich lass mich seelisch nicht vernichten,
werd immer meine Krone richten.
Ich schau mich um, seh Sonne, Licht,
seh die Natur, die Zuversicht.
So lässt es sich viel leichter leben,
der Trübsal keine Chance geben!

# Die Vergangenheit

Die Vergangenheit rief heute an,
erzählte mir, wie alles mal begann.
Mein Leben war stets schlicht und klar,
als ich noch jung und stürmisch war.
Erzählte mir von Tatendrang und Last,
von ganz viel Arbeit, von der Hast,
die mich doch viele Jahre hat erfasst.
Sie meinte noch: »Du kannst nicht
immer fröhlich sein,
Du kannst nicht immer lachen.
Wenn dir das Leben stellt ein Bein,
musst du das Beste daraus machen.«

# *Besserwisser*

Täglich sagt man mir, mach dies, mach das.
Ich denk dann meist, ach weißte was?
Ich mach nur das, was ich auch will.
Seid ihr Besserwisser einfach still.
Ich leb mein Leben, lass mich nicht beirren,
lass Fantasien meinen Kopf durchschwirren.
Schreib manches auf, oder auch nicht,
lass meine Gedanken oft ans Licht.
Dann müsst ihr solche Zeilen wie hier ertragen,
und sollt ich euch damit sehr plagen,
dann bitte, meidet mein Gedicht,
geht einfach weiter, zum nächsten Bericht.

# Mein Fett

Ich sagte es vorher meinem Fett,
dass ich jetzt täglich intervalle.
Doch's Fett ist zu mir gar nicht nett
und stellt mir nach wie vor 'ne Falle.
Es klebt an mir, wie aus Beton
und fühlt sich bei mir pudelwohl.
Ich radle, esse viel Gemüse,
mach täglich eine Kiloanalyse.
Die Waage grinst mich ganz frech an,
denn verloren hab' ich noch kein Gramm.
Ich kneif mich fest in meinen Bauch,
denn hier hängt so was wie ein Schlauch.
Na, warte du, ich krieg dich schon,
ich glaub, ich ändre mal den Ton:
»Mach dich vom Acker, fetter Strang,
sonst geh ich zum Professor Mang.
Der saugt dich ab und weg bist du,
dann hab ich endlich vor dir Ruh!
Ich bleib dann ewig superschlank,
nur noch die paar Pralinen aus dem Schrank.
Die verputz ich noch mit viel Genuss,
danach ist aber wirklich Schluss!«

# *Stille*

Es ist so still, weil ich das will,
ich habe Stöpsel in den Ohren.
Ich will mit meinen alten Organen,
nun mal die nächsten Jahre planen.
Da geht mir manches gegen' Strich,
das sich so peu-à-peu einschlich.
Dem Herzen wird nun eingebläut,
dass es mich besser jetzt betreut,
mich nicht nur immer irritiert,
sondern gleichmäßiger funktioniert.
Der Haut habe ich versprochen:
»Ich mach 'ne Maske für paar Wochen.«
Dem Bauchfett habe ich gedroht:
»Ich mach dich tot, ich mach dich tot!«
Die Muskeln ließen sich nicht finden,
die muss ich erst ein wenig schinden.
Die anderen Helfer hab' ich gebeten:
»Ihr müsst mich souverän vertreten!
Ihr funktioniert, gebt, was ihr könnt,
und dann ist es uns vielleicht vergönnt,
dass wir noch glücklich viele Jahre
herumfuhrwerken bis zur Bahre.«

# Ein höheres Wesen

Wenn es ein höheres Wesen gibt,
das uns bewacht, beschützt und lenkt,
dann sieht es doch recht eingeschränkt.
Denn wenn es rundum furchtbar kracht
und Menschen sterben wie die Fliegen,
wenn nur noch Trümmerberge bleiben,
selbst Kinder tot im Graben liegen,
wenn Bomben fliegen, Schüsse fallen,
frag ich mich schon, ist es so blind?
Sieht nicht, wie schlimm die Kriege sind?
Sollte es nicht die bestrafen, die zerstören,
die erbarmungslos der Humanität abschwören?
Die Kriege anzetteln, Städte vernichten
und stolz auch noch davon berichten.
Da nützt es nichts, das Wesen hoch zu loben,
wenn rundum nur Katastrophen toben.
Vielleicht hat sich da oben ein Gott versteckt,
der sieht, wie die halbe Menschheit verreckt,
wie wir blind sind und schwach.
Ihm rufe ich zu: Werd' endlich wach!
Mach dem Ganzen ein Ende, damit ein
jeder versteht,
wie wundervoll sich die Welt für uns dreht.

Lass Religionen verschwinden und Liebe
in die Herzen,
dann wäre es vorbei mit unsäglichen
Schmerzen.
Oder stehen wir schon kurz vorm
Jüngsten Gericht?
Dann lief alles schief und ist nicht zu ändern.
Dann ist es zu spät mit meinem Gedicht!
Halleluja, Halleluja!

# Ohne Hemd

Ich machte schon alles, nichts ist mir fremd,
lief schon durch Straßen, ganz ohne Hemd,
fuhr durch das Eis mit Schlittenhunden,
verbrachte mit Tarzan schon tolle Stunden.
War Sieger bei Olympia,
mit Goldmedaille, ist doch klar!
Mit Goethe bin ich auch per Du,
er schaut mir heut von oben zu.
Den Mond, den wollt' ich nicht betreten,
bleib lieber auf dem Erdplaneten.
Sie hatten mich zwar sehr gebeten,
denn es war noch Platz in den Raketen.
Mal sehen, was ich heute mache,
mit was ich meine Träumerei anfache.
Erst noch einen Kaffee, dann ab ins Sofa,
nun geht es los, wie mit 'ner Nova.
Die Fantasie zeigt mir die weite Welt.
Ist das nicht toll? – Ganz ohne Geld!

# *Hymne an das Buch*

Irgendwann, ja irgendwann, sind wir
alle einmal dran.
Dann ist man plötzlich nicht mehr fit,
der Körper macht nur wenig mit.
Es knackt mal hier, es knackt mal da,
ganz plötzlich ist das Alter da!
Da schreit der Rücken und das Knie:
»Die Wanderung, die schaff ich nie!«
Da bleibst zu Hause , schaust viel fern,
hast Bücher dann besonders gern.
Mit ihnen reist du durch die Welt,
und sparst zudem 'ne Menge Geld.
Bist in den Bergen, oft am Meer,
du weinst, du lachst, nichts fällt dir schwer.
All das erlebst du durch ein Buch.
Davon hat man doch nie genug!

# Unklar

Wenn man nur wüsste, was man will,
könnt man sich mehr entspannen.
Wenn die Gedanken steh'n mal still,
geht, was noch unklar ist, von dannen.
Kommt, lasst uns nur zufrieden sein,
Sorgen und Zweifel ausradieren.
Schaut in den blauen Himmel hinein,
seht, wie die Wolken fortmarschieren.
Dahinter führt ein Weg zum Licht,
dort strahlt die helle Sonne.
Sorgen sind wie weggewischt,
die hau'n wir einfach in die Tonne!

# Die Wespe

Es summt und brummt an meinem Ohr,
da trudelt 'ne Wespe frech hervor.
Hat sie denn völlig übersehen,
dass wir ganz kurz vor Neujahr stehen?
Ich schick sie raus in unsren Garten,
soll sie doch dort aufs Frühjahr warten.

# *Wanderung*

Ich wanderte durch alte Gassen,
in denen ich die Zeit vergaß.
Sie lagen fern von Menschenmassen,
und den Verputz die Fäulnis fraß.
Mein Blick, der wanderte hinab zum See,
dann schaute ich in manchen Garten,
bis ich vor einem alten Törchen steh,
vor Neugier konnt' ich's kaum erwarten.
Das Unkraut stand hier überall,
Putten lugten hervor aus vielen Ecken.
Wohin ich schaute, sah ich Verfall,
'ne Katze wollt sich langsam strecken.
Plötzlich sah ich ein morsches Haus.
Wer weiß, wer früher hier mal wohnte?
Es guckte verwittert aus dem Unkraut raus.
Ob sich ein Aufbau nicht mehr lohnte?
So ist es wohl mit vielen Dingen,
erst sind sie neu und imposant.
Und mit den Jahr'n, die sie bezwingen,
wird ihr Charme nicht mehr erkannt.
Das Schicksal verbindet Mensch und Natur,
alles vergeht, alles zerfällt.
Und unbeirrt läuft weiter die Uhr.
Was willste machen,
Das ist der Lauf der Welt!

# Reichlich Zeit

Warum sind nur die andern schön
und auch noch superschlank?
Hat mich der Schöpfer übersehen,
oder war er damals krank?
Dann hat er mir viel Leid geschenkt,
und Arbeit nahm kein Ende.
Ich fühlte mich oft eingeschränkt,
auch ich hab' nur zwei Hände.
Das liegt nun alles hinter mir,
denkt Emma sehr befreit,
ich genieß das Leben jetzt und hier,
nun hab' ich wieder reichlich Zeit!
Ich werd' mich endlich schonen,
ich mache nur noch, was ich will.
Die Rente soll sich schließlich lohnen.
Doch plötzlich find sie's fast zu still!

# Tesla

Ein Tesla lautlos um die Ecke biegt,
man hört ihn nicht, den Superleisen.
Mein Mann mich schnell zur Seite schiebt,
will das geparkte Auto gleich umkreisen.
Er schaut verliebt nach der Karosse,
so strahlt er mich nur selten an.
Das ist allmählich eine Posse,
weil er an nichts sonst denken kann.
Nun ist er sichtbar sehr beglückt,
sagt: »Mit ihm ging ich gern auf Reisen!«,
als er die Nase sich plattdrückt,
und hört nicht auf, die Vorzüge zu preisen.
Der Elon Musk und sein Betrieb,
der investiert 'ne Menge Geld.
Ich nenn ihn Daniel Düsentrieb,
der lebt in seiner eignen Welt.
Wenn er des Nachts Raketen startet,
dann ist mein Mann auch mit dabei.
Da kann es sein, dass er lang wartet,
das ist ihm völlig einerlei.
Er darf sich einen Tesla kaufen,
doch muss er klein sein und bequem.
Dann wird er keinen Meter laufen.
Seht! So löst man das Problem!

# Nie wieder!

Es wurden Menschen verhaftet,
Bücher verbrannt,
deshalb verließen Autoren das Land.
entartete Kunst wurd' meist konfisziert,
Künstler flohen, wurden exekutiert.
Swing oder Jazz war bei Faschisten verpönt,
sie wurden mit seichten Schlagern übertönt.
Millionen von Juden wurden verfolgt
und vernichtet,
darüber wird heute noch immer berichtet.
Nun sollte man glauben, das ist längst vorbei,
doch schon wieder hört man das Nazi-Geschrei.
Wer Freiheit und Demokratie will erhalten,
muss Einhalt gebieten diesen Gestalten.
Wir müssen sie stoppen,
müssen sie verdrängen,
es gilt wie so oft: Wehret den Anfängen!

# Hier und Heute

Wer weiß denn schon, was morgen ist,
drum setz dich still auf eine Bank.
Spür, dass du im Hier und Heute bist,
vergiss den Kummer, er macht krank.
Ruh in dir und entspanne dich,
bau innere Kräfte in dir auf.
Zieh unter gestern einen Strich,
lass deinem Leben seinen Lauf.
Dann pack es an, schreite voran
und mach den ersten Schritt,
und hast du auch noch keinen Plan,
dein Leben schreitet mit dir mit!

# *Heiß und kalt*

Mal ist's zu heiß, mal ist's zu kalt!
Wenn's heiß ist, gehst du in den Wald,
wenn's kalt ist, sitzt du vorm Kamin
und blätterst in 'nem Magazin.
Wenn's regnet, bleibst du auch zu Haus
und holst dir alte Fotos raus.
Doch wenn es schneit, dann wirst du munter,
holst dir die Ski vom Boden runter,
fährst in die Berge und Juchhe,
machst eine Tour durch tiefen Schnee.
Doch wenn du Pech hast, dann o Schreck,
kommst du so schnell nicht wieder weg.
Weil sie dir einen Gips verpassen,
das Skifahren solltest vielleicht lassen?

# *Klappe! – die Erste!*

Halt! Ruhe!, brüllt das Großhirn laut,
macht halblang, kommt mal runter.
Weil keiner auf den Spielplan schaut,
seid ihr mir alle viel zu munter.
Der Regisseur bin nun mal ich,
denn ich weiß, wo es langgeht.
Ich find es einfach fürchterlich,
wie sich der Magen wieder aufbläht.
Das Herz hat merkwürdige Tendenzen,
der Blutdruck weiß nicht, was er will.
Die Atmung will ich etwas begrenzen
und auch der Vorhof hält mal still.
Der Druck im Darm ist mir zu hoch,
die Sinne sollen mal verschnaufen.
Die Nervenbahnen allesamt jedoch,
sollen die Muskeln mehr durchlaufen.
Ist euch nun klar, was ich so will?
Dann machen wir 'ne Probe.
Schaut genau auf den Regieplan hin,
damit ich euch dann lobe.

# Naturgesetze

Im Wald, am Meer, in jedem Garten,
überleben nur die wirklich Harten,
denn fressen und gefressen werden,
ist das Motto hier auf Erden.
Wenn die Raupe knabbert am Blatt,
macht sie bald den Vogel satt.
Und den Vogel holt der Fuchs,
ohne dass er macht 'nen Mucks.
Einer stirbt, der andere lebt,
ein Naturgesetz, das uns umschwebt.
Nur der Mensch ist sein eigener Feind,
auch wenn er später es beweint.
Er zerstört, tötet, vernichtet,
ist oft keiner Moral verpflichtet.
Da lief doch gründlich etwas schief.
Ob der Schöpfer hier einiges verschlief?

# Maskiert

Wer will denn schon maskiert rumlaufen,
denn damit kann man ja kaum schnaufen.
Doch weil es sein muss, lieber Klaus,
hol ich die Maske lieber raus.
Setz sie mir richtig vors Gesicht,
denn krank werden, das will ich nicht.
Was macht das schon, ist doch kein Drama,
sagt neulich auch Michelle Obama.
So schützen wir uns vor den Erregern.
Erzähl das den Bedenkenträgern!

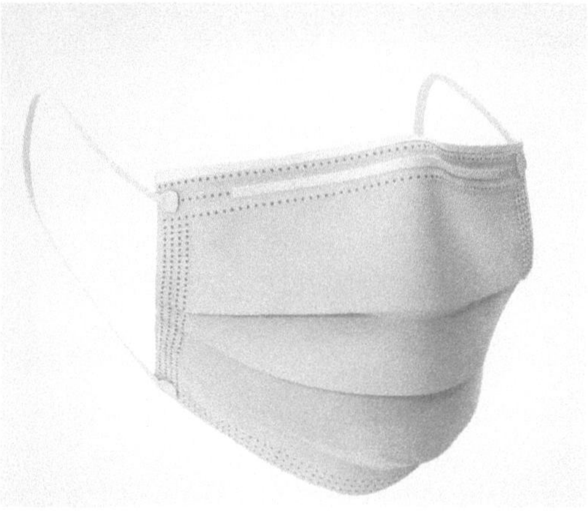

# Die Holzbiene

Es ist zu heiß, ich sitz nur rum,
schau in den Garten, hör Gebrumm.
Ne Holzbiene ist grad sehr laut,
sie emsig nach den Blüten schaut.
Der Nektarräuber saugt sich voll
und findet Hitze scheinbar toll.
Doch ich bleib sitzen, rühr mich nicht.
Nur ein Gedanke zu mir spricht:
Bewegung wär nun grauenhaft,
nur in der Ruhe liegt die Kraft.

# *Hitze*

Da sitz ich nun am Frühstückstisch,
und schwitz aus allen Poren.
Nur noch im Keller ist es frisch,
sonst heißer als auf den Azoren.
Die Butter schmilzt, die Milch wird sauer,
der Hund sucht sich die kühlsten Ecken,
auch die Natur hofft auf paar Schauer,
es hilft nur noch viel Eis zu schlecken.
Wer einen Pool hat, stürzt hinein
und lässt den Körper dort abkühlen.
Nur wer im Stau steht, das arme Schwein,
der wird die Hitze heftig fühlen.
Ich setz mich hin, beweg mich nicht
und kühl mich durch ein paar Gedanken.
Steh tief im Schnee, frier fürchterlich.
Macht's doch wie ich,
Gedanken haben keine Schranken.

# *Wenn die Schatten …*

Wenn Schatten immer länger werden
und Nebel Felder sanft umhüllt,
brennen manche Feuer in den Herden,
weil's draußen abends schon abkühlt.
Der Herbst hat nun den Sommer übernommen
und Spinnen weben fleißig ihre Netze,
auch Wespen sind zuhauf gekommen,
so sind sie halt, die Naturgesetze.
Die letzten Früchte werden eingesammelt
und bunte Astern fangen an zu blühen,
während in Gärten schon viel vergammelt,
die Stauden fix noch Samen versprühen.
Die Traubenlese hat bereits begonnen.
Das Laub wird bunt und leuchtet raus.
Bald ist das Jahr wieder zerronnen,
dann geht's von vorne los. Ei, der Daus!

# Füße

Man könnte, müsste, oder nicht?
Was tun, was schreiben, oder schlicht,
ganz ruhig im Sessel sitzen bleiben
und sich die Füße etwas reiben.
Denn sie sind es, die dich bewegen,
drum werd ich sie ganz ruhig legen,
und warte drauf, bis sie bereit,
und vom Nichtstun sind befreit,
um weiter vorwärts mich zu tragen.
Ihr könnt ja eure auch mal fragen,
ob sie nun müssen, mögen, dürfen?
Okay, wenn sie auch hin und wieder schlürfen.

# *Gedichte*

Gedichte sind wohl heutzutage
etwas für Menschen, ohne Frage,
die gerne hinter die Dinge schauen
und nicht nur Worthülsen vertrauen.
Das Wesentliche herauszufiltern,
mit wenig Worten es zu schildern,
ob's wichtig ist oder auch nicht,
man holt es so ins Rampenlicht.
Das scheint doch hier des Pudels Kern,
drum habe ich Gedichte gern!

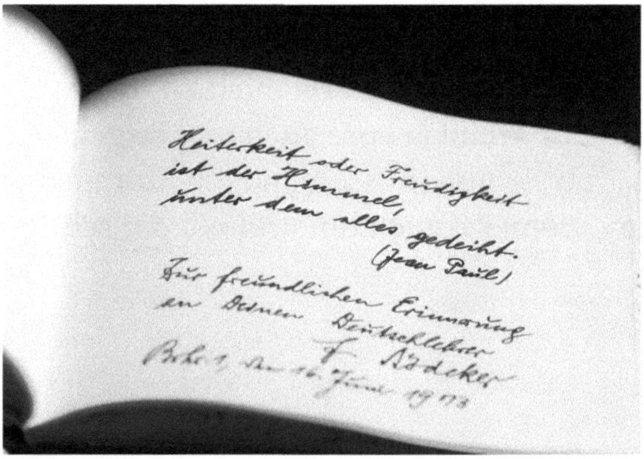

# Der Optimist

Ich atme ein, ich atme aus,
liege ganz ruhig und denke.
Wir sind allein im großen Haus
und leer sind viele Schränke.
Der Schmerz ist da, der mich befällt.
Ein schrecklich dunkler Augenblick,
der mir sich in den Weg nun stellt,
Tränen verschleiern meinen Blick.
Dann mahnt mein Ego, rüttelt mich.
Das Leben geht doch weiter.
Ich weiß, du bist ein Optimist,
reiß dich zusammen und bleib heiter!
Ich schau hinaus, seh' Sonnenschein,
seh's Jenseits, kann es ahnen.
Schick Grüße hoch, bin nicht allein,
wie's weiter geht, lässt sich nicht planen.

# Erinnerung

Wenn dich das Schicksal niederdrückt,
du glaubst, du wirst nun gleich verrückt,
dann wein dich aus, bewahre Ruhe.
Nimm ein paar Fotos aus der Truhe,
schau Bilder an aus schönen Zeiten,
lass sie durch die Gedanken gleiten.
Denk voller Liebe dann zurück,
du hast's erlebt, das war das Glück!
Erinnerung, die bleibt bestehen,
vielleicht, bis wir uns wiedersehen.

# Mist!

Mal bin ich heiter, mal bedrückt,
heiter dann, wenn mir was glückt.
Doch bin ich auch mal maßlos sauer,
wenn das Pech sitzt auf der Lauer.
Wenn der Hammer statt dem Stift,
meinen Daumen plötzlich trifft.
»Aua! Mist! Du blöder Hammer!«,
folgt drauf sofort mein Gejammer.
Schmeiß den Hammer in die Eck,
plötzlich sehe ich, oh Schreck,
hat die Fliese einen Riss.
»Komm her, mach nicht so'n Geschiss!«,
sagt mein Mann, ruhig und gelassen.
»Werden wir's halt richten lassen.
Und das Bild häng ich dir auf.
Gib mal her!«, und gleich darauf,
Schreit er auf und flucht: »So'n Mist!
Man soll halt der sein, der man ist!
Werkeln ist nicht mein Gebiet
Siehst ja selbst, was dann geschieht.«
Holt die Pflaster aus dem Schrank.
Wir leben noch. Ach, Gott sei Dank!

# Ach Rose

Noch seh' ich dich vereinzelt stehen,
ach Rose, du warst wunderschön
Nun sagst ade für lange Zeit
und kalte Luft, die macht sich breit
Schon soll es in den Bergen schneien,
es ist schon richtig kalt im Freien.
Die dicken Jacken müssen schützen,
vorbei ist's mit dem vielen Schwitzen.
Nun kommt die dunkle Jahreszeit
und Weihnachten ist auch nicht weit.
Dann fängt alles von vorne an.
Die Jahreszeiten haben ihren Plan,
der manchmal zwar ein wenig spinnt,
wenn Frühling schon im Winter beginnt.
Da kannst nix machen, so ist das eben.
Es ist, wie's ist – es ist das Leben!

# Gerechtigkeit

Gerechtigkeit ist nur ein Wort!
Es wird gefordert immerfort.
Doch wie soll es vonstatten geh'n,
der eine hässlich, der andre schön.
Dann gibt's Gesunde oder Kranke,
dazwischen liegt oft eine Schranke.
Es gibt die Fleiß'gen und die Faulen,
die meistens ganz besonders maulen.
Wie soll Gerechtigkeit denn gelingen,
wenn alle nur IHR Fähnchen schwingen?
Ne, Leute, so kann es nicht gehen,
sonst bleibt die Wirtschaft völlig stehen.
Wenn keiner mehr etwas riskiert,
dann sind wir alle abgeschmiert!

# Zufriedenheit

Das Leben macht grad, was es will,
mal ist es laut, mal ist es still.
Mal ist das Glück in deinem Haus,
dann schleicht es sich schon wieder raus.
Doch es gibt auch üblere Gesellen,
die sich frech dazwischenstellen.
Der eine heißt Pech, der andre Leid,
die machen sich auch gern mal breit.
Auf eine freu dich, es ist ne Dame,
Zufriedenheit, das ist ihr Name.
Wenn sie mal kommt, sag ich Chapeau!
Lehn dich zurück, sei einfach froh!

# *Jugend – wo bist du?*

Er war einst ein Bild von einem Mann!
Dann kamen die dritten Zähne dran,
das Haar, das wurde auch sehr licht,
im Fuß, da hatte er dann Gicht
und dennoch schaute er nach Frauen,
er tat ihnen sehr gern nachschauen.
Er meinte, er hätte durchaus Chancen,
machte mit den Augen kühn Avancen.
Da kam eine an, sie war wie ein Traum,
er zog den Bauch ein, atmete kaum.
Dabei schnalzte er leise mit der Zunge,
sie blieb plötzlich steh'n,
es war 'ne sehr junge.
»Na Opa, haste dir verlaufen?
Soll ick dir eine Cola kaufen?«
»Nein danke!«, sagte er empört
und war innerlich nun sehr verstört.
Zu Hause erwartete ihn seine Frau,
auch nicht mehr frisch, das sah man genau.
»Der Lack, der ist ab, bei dir und bei mir«,
meinte er resigniert und griff zum Bier.

# *Ich sage nein*

Ich hab vertraut, war immer da,
half mit, wenn etwas schwierig war,
ließ niemanden im Regen steh'n,
glaubt mir, es war nicht immer schön.
Wenn der, dem du warst sehr von Nutzen,
bei andern dich tut runterputzen,
dann gibt's nur eins, du sagst adieu,
und tut es dir auch noch so weh.
Man kann nicht alles tolerieren,
das muss der andere mal kapieren.
Ein off'nes Wort zur rechten Zeit,
dazu ist jeder doch bereit.
Wer lästert, muss es akzeptieren,
dass andre sich dann separieren.
Doch bittet man mich, ich mög' verzeih'n,
bin ich versöhnlich und sag nicht nein!

# *Hass und Neid*

Wer glaubt denn das, was er so hört?
Ich glaub nichts mehr, bin eher verstört.
Les' Widersprüchliches in Gazetten,
demnach die Welt ist nicht zu retten.
Meinungen werden oft verdreht,
dass man am Ende nichts versteht.
Links gönnt nicht, was rechts so hat,
der da hat mehr, heißt es dann platt.
Warum, wieso – ist doch egal,
man diffamiert, ist nicht neutral.
Der Hass, der Neid, der macht sich breit,
dadurch Gesellschaft sich entzweit.
Dabei, es geht uns gut wie nie,
die Hauptsache ist doch die Demokratie!

# Wir hatten nichts

Wir hatten nichts, kein Hab und Gut,
doch dafür hatten wir viel Mut.
Wir packten's an, wir hatten Ziele,
Ideen gab's dazu ganz viele.
Das Risiko war oft sehr groß,
und manchmal gab's 'nen heft'gen Stoß.
Wir fielen hin, doch standen auf,
mal ging's runter, dann wieder rauf.
Vertrauten wir, war's schnell verflogen,
wir wurden viel zu oft betrogen.
Zieh'n wir Bilanz, war alles richtig,
wir sind zufrieden, das ist wichtig!
Wir schauen uns lächelnd ins Gesicht,
es ging nur mit Dir, anders ging's nicht!

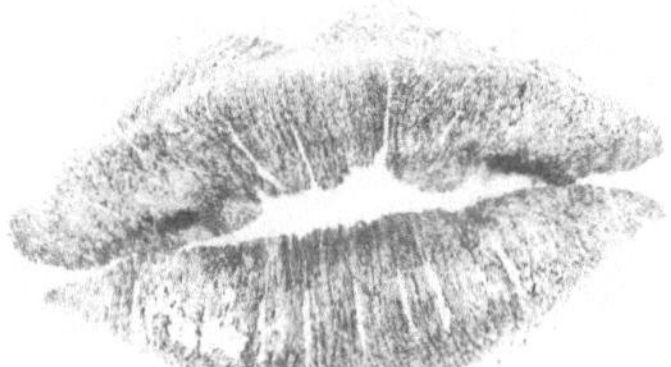

# Geistesblitze

Mach ich denn immer, was ich will?
Vertrau ich meinem eignen Wollen?
Oder bin ich oft ganz einfach still
und schlüpf auch mal in unvertraute Rollen.
Lass ich mich manchmal manipulieren,
nehm andre Meinungen als die meine an?
Lass mir von außen was diktieren,
in diesem dramatischen Absurdistan?
Wenn ich in stillen Stunden sitze,
und liege abends noch lang wach,
hab ich so manche Geistesblitze,
so dass ich über mich nur lach.

# Höflichkeit

Ich bin ein höflicher Mensch.
Ich klopfe beim Ei an, bevor ich es öffne.
Den Schuh frage ich: »Darf ich eintreten?«
Und wenn ich eine Rosenblüte sehe,
lobe ich genüsslich ihren Duft.
Und niemals wurde es mir übel genommen.
Schon Schopenhauer sagte:
»Höflichkeit ist Klugheit,
folglich ist Unhöflichkeit Dummheit.«

# Am See

Der graue Himmel mich erdrückt,
nur ein Gedanke mich entzückt,
dass ich schon bald am blauen See
auf unserer Terrasse steh.
Die Berge, die den See umgeben,
mit Orten, die an Hängen kleben,
sind zauberhaft und malerisch.
Wie gern säß ich nun dort am Tisch,
bei Pasta und nem Gläschen Wein.
Ach freu ich mich, das wird dann fein!

# Schwermut

Draußen trüb, kein Sonnenschein,
wie soll ich da denn happy sein?
Ich brauche Licht, ich brauche Sonne,
drum hau ich's Wetter in die Tonne
und hol die Sommerbilder raus,
vertreib die Schwermut aus dem Haus.

# *Ironie*

Der hat 'nen Knall, und der ist dumm,
und der da ist doch meistens stumm.
Nur ich, ich bin die Schlauste hier,
ich weiß, wo's langgeht, glaubt es mir.
Wenn ich hier meine Meinung sage,
ist die sehr klar, ganz ohne Frage,
präzise und meist oberschlau,
weil ich die Dinge strikt durchschau.
Drum ist's am besten für euch alle,
ihr glaubt's, weil ich es einfach schnalle!
Wer andrer Meinung ist als ich,
geht mir entschieden gegen'n Strich.
Den werf ich raus aus meiner Gruppe,
der ist mir nämlich herzlich schnuppe!

# *Freitags-Blues*

Jetzt mach ich einfach mal 'ne Pause,
denn zum Glück bin ich zu Hause.
Ich lass die Arbeit Arbeit sein,
setz mich hin und hoch das Bein!
Komm, mach auch mal eine Pause,
sei doch kein Relax-Banause,
der nur die Arbeit hat im Blick.
Pause machen heißt der Trick!
Denn danach geht es wie geschmiert,
du bist dann wieder motiviert.
Wenn auch die Uhr schnell weiterrennt,
so bin ich heut nicht konsequent
und lass die Fünf mal gerade sein.
Es interessiert ja doch kein ...

# Ein Stück Biografie

Mit Tarzan war ich einst per Du,
er war für mich ein Superheld.
Bei Donald Duck schaut' ich gerne zu,
was dieser Tollpatsch so anstellt.
Mit Akim, diesem Dschungelstar,
fühlt' ich mich sehr verbunden,
es spielte nach die ganze Kinderschar
und dabei gab's auch viele Wunden.
Um Prinz Eisenherz, da musst' ich bangen,
Nick Knatterton erklärte das Kombinieren.
Ich war von den Figuren so sehr gefangen,
und manches ging mir an die Nieren.
Wir tauschten Heftchen hin und her,
das Taschengeld ging völlig flöten.
Rückgabe und Umtausch war'n nicht schwer,
schlimm war, wenn sie den Preis erhöhten.
Doch alles ist nun Nostalgie,
es bleibt ein Lächeln nur zurück.
Es ist ein Teil meiner Biografie,
von meiner Jugend nur ein kleines Stück.

# *Wetter*

Die Hitze wird grad weggeblasen,
der Wind lässt Türen knallen.
Die Blätter durch den Garten rasen,
in Ecken sich zusammenballen.
Viel Äste fliegen durch die Luft,
ein Baum steht schief, er wird bald kippen,
dazu riecht man der Blüten Duft,
ich schmeck's ganz deutlich auf den Lippen.
Ach ja, das Wetter spielt verrückt,
es zeigt uns an, es ist autark.
Und dennoch bin ich sehr entzückt,
denn die Natur, die ist so stark.
Sie zeigt uns öfters ihre Macht,
hat Katastrophen mit dabei.
Sie über uns dann mächtig lacht,
wir sind ihr ausgeliefert,
auf Verderb und Gedeih.

# *Wir waren jung*

Wir alle waren einmal jung  
und hatten früher mächtig Schwung.  
Wir tanzten bis zum frühen Morgen  
und machten uns um gar nichts Sorgen.  
Dann fing der Ernst des Lebens an,  
wir buckelten und klotzten ran.  
Familie, Auto, vielleicht ein Haus,  
wir machten immer mehr daraus.  
Als das Erreichte war perfekt,  
wir standen grad beim Gläschen Sekt,  
da spürten wir es in den Knochen,  
das Alter kam schon angekrochen.  
Was nützt denn alles Hab und Gut,  
wenn's hinten oder vorn weh tut.  
Was will'ste machen, so ist das eben!  
Das Ganze nennt sich nur »das Leben«!

# Früher

Ich denk mich schlank und bin beschwingt,
bis mich der Blick zum Spiegel zwingt,
so dass ich gereizt in eine Möhre beiße,
dabei gedanklich mach 'ne weite Reise.
Wie war das früher doch so toll,
da waren die Teller noch ganz voll.
Weil ich zu dünn war, zu aktiv,
heut bin ich leider zu massiv.
Ach Menschenskind, was ist bloß los?
Na ja, da war ich klein, heut bin ich groß.
Und dennoch ist es zu erahnen,
wie's sich anfühlt bei den schlanken Damen.
Warum steht hier denn eine Torte?
Ich putz sie weg, ganz ohne Worte.
Wenn auch mein Gewissen mit mir ringt,
denk ich mich schlank und bin beschwingt!

# Schokolade

Mein rechtes Ohr flüstert mir gerade,
»Nimm doch noch etwas Schokolade.«
Das linke Ohr hat noch Bedenken,
es will mich mit nem Gespräch ablenken.
Denn gerade telefoniert mein Göttergatte
und führt 'ne hitzige Debatte,
mit einem, der ihn sehr bedrängt
und immer wieder von vorne anfängt.
Er will ihm irgendwas verkaufen,
der Hörer ist schon heißgelaufen.
»Ich brauch das nicht!«,
schreit nun mein Mann
und schaut den Hörer grimmig an.
»Sag einfach Nein! und leg gleich auf,
dann hört auch das Gequassel auf.
Hier nimm ein Stückchen Schokolade,
wenn sie verkommt, wär 's wirklich schade.«
»Hast recht, mein Schatz«, meint er verstimmt,
er gleich von der Schokolade nimmt.
Das Arginin darin soll stimulieren.
Mal sehen, wie wird er reagieren?
Ach, ich geb ihm gleich den ganzen Rest,
nur so zum Spaß, es ist ja nur ein Test!

## Geliebtes Kind

Geliebtes Kind, wo bist du nun,
dein Tod geht sehr zu Herzen.
Die Hoffnung war schon lange tot,
zurück bleiben nur große Schmerzen.
Du bist wo weit, und doch so nah,
nie wirst du ganz entschwinden.
Dein Antlitz ist zum Greifen nah,
weil wir dich in Gedanken finden.

## Mein Hirn

Ich rede gern mit meinem Hirn,
geb ihm Befehle, sporn es an.
Denn hinter meiner hohen Stirn,
da sitzt sehr oft ein kleiner Mann,
der exaltiert und raffiniert,
mir Geistesblitze vordiktiert.
Ich wäg dann ab und überlege,
gibt es vielleicht auch and're Wege.
Sagt dann mein Hirn:
Komm, lass es bleiben!,
tu ich ganz einfach weiter schreiben!

# *An meine Tochter*

Immer wenn ich die Augen schließe,
dann stehst du wieder nah bei mir.
Ich streichle über dein dunkles Haar
und spüre deinen warmen Atem,
empfinde deine Nähe wunderbar.
Dein Lachen klingt mir noch im Ohr.
Ich berühre dich, spür deine Haut.
Niemals werde ich dich vergessen.
Ich atme tief und stöhne laut.
Tochter wo bist du nur?
Was hat das Leben dir angetan?
Tag für Tag bist du bei mir.
Die Tränen werden nie versiegen.
Ob wir uns jemals wiedersehen?

*Liebe Leserin, lieber Leser,*
*danke, dass Sie meinen Gedichtband gelesen haben.*
*Wenn Ihnen meine Gedichte gefallen haben, würde ich*
*mich über eine Rezension sehr freuen!*
*Ich möchte die Gelegenheit nutzen, um Sie*
*auf meine bisher erschienenen Bücher aufmerksam*
*zu machen, die alle im Handel erhältlich sind.*

## Leseprobe: Die Toten von Ascona

**Silvia kauft ein**

»Wie gefällt ihnen denn dieser Mantel?«, fragte die junge Boutique-Verkäuferin mit einem gequält süffisanten Lächeln und reichte ihn schwungvoll der eleganten Dame in die Umkleidekabine. Ohne jedoch den Vorhang zur Seite zu ziehen. Zugleich schaute sie mit einem verdrossenen Blick zu ihrer älteren Kollegin und verdrehte dabei genervt die Augen. Aber so, dass es die Kundin nicht sehen konnte. Dann machte sie ein paar eindeutige Faxen und tippte geräuschlos auf ihre Armbanduhr, um ihrer Kollegin zu signalisieren, dass bereits in wenigen Minuten Feierabend sei.

Die amüsiert schauende Kollegin grinste sie mit einem Achselzucken nur verschmitzt an und war bereits dabei, die anprobierte und verstreut herum liegende Ware wieder ins Regal zu räumen.

Konnten denn diese exzentrischen Kundinnen, die doch den ganzen Tag nichts anderes zu tun hatten, nicht früher einkaufen gehen? Aber nein, kurz vor Ladenschluss müssen ja diese verwöhnten Ladys unsereins drangsalieren, dachte sie ärgerlich. Denn sie wollte heute zügig fertig werden und den Laden sofort nach Ladenschluss verlassen. Sie hatte sich mit ihrem Mann in einem Restaurant verabredet.

Es war bereits der sechste Mantel, der herbeigeholt wurde und keiner wollte der anspruchsvollen Kundin so recht gefallen.

»Sehr wählerisch, die Dame«, zischte die jüngere Verkäuferin leise ihrer Kollegin im Vorbeigehen zu und zog einen weiteren Mantel aus dem Kleiderständer.
»Bitte bringen Sie mir diesen eine Nummer kleiner«, tönte es gleich darauf arrogant aus der Kabine. Ein braun gebrannter ausgestreckter Arm, mit reichlich Schmuck behangen, reichte einen dunkelblauen Kaschmirmantel aus der leicht geöffneten Kabinentür heraus.
»Sehr gern, Signora Sandter!«
Sie holte eilig den Mantel in einer kleineren Größe und gab ihn an die Kundin mit einem »Prego Signora« weiter. Kurz darauf öffnete sich mit einem Schwung die Kabinentür und Signora Sandter, eine gepflegte und elegante Mittvierzigerin, trat heraus und schaute sich selbstgefällig im Spiegel an.
»Nun, was meinen Sie? Der sieht doch gut aus, oder?« Dabei drehte sie sich schwungvoll nach allen Seiten und lächelte ihrem Spiegelbild selbstgefällig zu.
Ohne eine Antwort auf ihre Frage abzuwarten, meinte sie bestimmt: »Ja, der ist schön, den nehme ich. Bitte legen Sie ihn zu den anderen Sachen und schicken Sie mir alles zusammen nach Hause. Die Adresse haben Sie ja.«
»Sehr gern Signora. Da haben Sie sich ja wieder einmal das beste Stück ausgesucht. Wie immer haben Sie einen exzellenten Geschmack bewiesen«, säuselte die Verkäuferin und nahm den Mantel in Empfang, um ihn zu den anderen, nicht weniger teuren Kleidungsstücken, auf den Tresen zu legen.

Die Kundin reichte ihr ihre Kreditkarte und die übliche Bezahl-Prozedur wurde in der kleinen, exklusiven Boutique abgewickelt.
»Einen schönen Tag noch und beehren Sie uns bald wieder«, flötete sie der Kundin beim Öffnen der Ladentür hinterher und schaute noch einige Sekunden neidisch der eleganten Frau nach, bis diese die Straße überquert hatte.
»So ein Leben wie die möchte ich auch mal haben. Gerade mal so nebenbei viertausend Franken ausgeben. Und alles natürlich nur vom Feinsten«, seufzte sie neidisch und wiegte dabei ihren Kopf hin und her.
Schnell schloss sie die Ladentür ab und schaute dabei ihre Kollegin, die bereits im Mantel vor ihr stand, mit einem bedauernden Achselzucken an.
Silvia Sandter war eine auffällige Erscheinung. Stets perfekt und teuer gekleidet, mit einer untadeligen Frisur und nie ohne eines ihrer wertvollen Schmuckstücke.
Dass sie der gehobenen Gesellschaftsschicht angehörte, sah man auf den ersten Blick und sie demonstrierte dies auch gern in der Öffentlichkeit. Es war ihr wichtig, dass jeder hier in Ascona sie mit gebührendem Respekt behandelte. Niemals sollte man auch nur annähernd vermuten, dass sie vielleicht aus ärmlichen Verhältnissen stammen könnte. Dieser Gedanke war ihr unerträglich.
Für die Leute war sie die schöne Ehefrau von Philipp Sandter, dem erfolgreichen und äußerst betuchten deutschen Anlageberater, der mit ihr oben in Ascona, ganz in der Nähe des ›Monte Verità‹, dem Berg der Wahrheit, in einer Luxusvilla wohnte und ein sehr zurückgezogenes Leben führte.

Man tuschelte, dass er sich ganz vom Berufsleben zurückgezogen habe. Aber etwas Genaues wusste niemand so recht.

Man war diskret in dieser noblen, italienischsprachigen Ecke der Schweiz, in der so einige Millionäre aus aller Herren Länder ihr Domizil aufgeschlagen hatten.

Und alle lebten gut davon. Der Kanton, der die Steuern kassierte, die Handwerker, die immer gut zu tun hatten, wie auch die Geschäftsinhaber der teuren, exklusiven Läden, die gern die Fränkli der Reichen entgegennahmen. Und Habenichtse wollte man hier sowieso nicht haben, die sollten sich besser fernhalten und diesen exklusiven Ort am besten meiden.

Silvia schlenderte langsam durch die engen Gassen der Altstadt von Ascona, bevor sie sich zum Abschluss ihres Einkaufsbummels an einen der kleinen Restauranttische auf der ›Piazza Motta‹ setzte, um in der warmen Herbstsonne noch ein Glas Champagner zu trinken. Sie hatte noch keine Lust nach Hause zu gehen – in ihre Einöde – wie sie ihr neues Domizil gern nannte.

Seit ihrem Umzug vor einem Jahr von Frankfurt nach Ascona lebte sie mit ihrem Mann sehr zurückgezogen. Was sie aber so gar nicht freute. Sie war eine gesellige Natur, die gern im Mittelpunkt gesellschaftlicher Ereignisse stand und ihr unfreiwilliger Rückzug aus dem Frankfurter Gesellschaftsleben entsprach überhaupt nicht ihren Vorstellungen.

Sie nahm es Philipp übel, dass sie beide seit ihrem Umzug keine Einladungen mehr ausgesprochen hatten. Er sträubte sich auch gegen jegliche Versuche ihrerseits,

Einladungen anzunehmen. Geschweige denn, selbst welche auszusprechen. Lediglich die umliegenden Nachbarn durfte sie nach längerem Lamentieren auf einen kleinen Begrüßungsschluck einladen. Aber es waren alles nur ältere Leute, die schon sehr lange hier wohnten und deshalb für sie nicht von Interesse. Sie verstand Philipp überhaupt nicht und sehnte sich zurück nach Frankfurt. Dort hatte sie ihren eigenen Freundeskreis, unabhängig von ihrem Mann, der fast immer nur in Geschäften unterwegs war.
Sie war Mitglied im Golf- und Tennisklub, wenn auch in beiden Sportarten nicht besonders erfolgreich. Aber das Klubleben bot ihr zwangsläufig die gesellschaftliche Abwechslung, die sie brauchte. Die vielen Feste und die kleineren Flirts mit den männlichen Mitgliedern waren für sie das Lebenselixier, das sie beflügelte. Auch die eine oder andere Affäre hatte sich hier angebahnt. Sie brauchte die Bewunderung der Männer und eine Bestätigung dafür, begehrt zu werden. Das alles vermisste sie schmerzlich, seit sie hier an den See gezogen waren. Aber sie hatte keine andere Wahl, wollte sie nicht auf all den Luxus verzichten.
Philipp hatte sich schon seit einiger Zeit sehr verändert. Er konnte und wollte ihr das alles nicht mehr bieten. Sie verstand ihn immer weniger.

Karin B. Redecker
Das Gift des Oleanders
Eine Lago Maggiore Story
Roman

## Leseprobe: Das Gift des Oleanders

### Susannes Büro

»Was für ein stressiger Tag heute«, stöhnte Susanne ins Telefon. Sie lehnte sich in ihrem Bürostuhl zurück, dessen Lehne gefährlich ächzende Geräusche von sich gab und sie sogleich daran erinnerte, dass sie unbedingt beim Chef einen neuen Stuhl beantragen sollte. Überhaupt müsste das Büro wieder etwas überholt werden, dachte sie müde und abgespannt. Ein kurzer Blick in den gegenüberliegenden Spiegel signalisierte ihr, dass das Gleiche heute auch auf sie zutraf.

»Ich brauche unbedingt Tapetenwechsel«, stöhnte sie ins Telefon und rieb sich dabei sanft die Schläfen.

»Ich freu' mich auf einen gemütlichen Abend mit dir Bella, wir können uns ja vom Thailänder wieder etwas kommen lassen, was meinst du?«

Am anderen Ende der Leitung war freudige Zustimmung zu hören. Susanne dreht sich um und schaute lächelnd auf das liebevoll eingepackte Geschenk auf ihrem Aktenschrank.

»Ich bringe auch noch ein gutes Tröpfchen mit. Mein Chef hat mir gestern was spendiert. Wir machen uns dann wieder den üblich faulen Mädchenabend!«

Dabei schnurrte sie genüsslich ins Telefon und legte nebenbei ihre Akten ordentlich aufeinander.

»Ich komme wie immer gegen neunzehn Uhr am Bahnhof an. Also, tschüss Bella, bis später!«

Susanne legt langsam den Hörer auf und schaute nachdenklich aus dem Fenster. Sie überlegte, wie sie der Freundin heute Abend schonend beibringen konnte, dass ihr sogenannter ›Zukünftiger‹ schwul war. Das wird sie umhauen, dachte sie besorgt und packte in Gedanken versunken ihre Utensilien zusammen, da sie gleich Feierabend machen wollte.
Sie schaute noch kurz bei ihrem Chef ins Zimmer.
»Ich geh‘ heute eine halbe Stunde früher, Chef. Ich treffe mich mit Bella. Da genießen wir gleich mal den guten Tropfen, den Sie mir gestern geschenkt haben.«
Dazu schwenkte sie eine Rotweinflasche, an der ein bunter Anhänger mit Schleife hing.
»Die Unterlagen für Merkel & Co. habe ich bereits fertig. Wir können morgen präsentieren.«
»In Ordnung, Susanne! Einen schönen Abend wünsche ich«, gab Max Milde zur Antwort und schaute wohlwollend lächelnd über seinen Brillenrand.
Er mochte diese aufgeweckte, attraktive Person, die mit ihrer Meinung nie hinter dem Berg hielt und immer eine kreative und zuverlässige Mitarbeiterin war.
Susanne kaufte noch am gegenüberliegenden Kiosk einige Magazine. Die musste sie aus beruflichen Gründen regelmäßig nach Konkurrenzanzeigen durchsehen. Sie war Kontakterin der Max Milde Werbeagentur GmbH und Konkurrenzbeobachtung gehörte zu ihrem Job.
Zu ihrer Wohnung war es nicht weit. Mit viel Glück und der notwendigen Zähigkeit war es ihr gelungen, in der Nähe der Agentur, eine hübsche Altbauwohnung mit Balkon zu ergattern. Die war zwar ziemlich teuer, aber

ideal geschnitten. Was sie an Miete mehr als üblich bezahlte, sparte sie an Benzinkosten wieder ein.
Auf ein Auto hatte sie inzwischen ganz verzichtet, da es hier im Frankfurter Westend ohnehin keine Parkplätze gab und sie sich fast ausschließlich nur in Frankfurt aufhielt. Außerdem konnte sie, wenn nötig, ein Firmenfahrzeug bekommen. Ihr Chef war da sehr großzügig.
Beschwingt betrat sie ihre hübsch eingerichtete Wohnung, legte ihre Tasche und die Magazine auf den Tisch und warf auf dem Weg zur Dusche ein Kleidungsstück nach dem anderen auf den Fußboden. Sie wollte sich erst frisch machen und ihren neuen, teuren Hosenanzug anziehen, den sie sich vorgestern in der Fressgasse gekauft hatte. Er sah einfach umwerfend aus und betonte ihre schlanke Figur ganz besonders.
Danach beabsichtigte sie, mit der S-Bahn zu Bella in den Taunus fahren, die sie dort wie üblich am Bahnhof abholen wollte.

**Laura**

»Diese verdammten Motorradfahrer!«, schimpfte Laura laut vor sich hin. Auf der nahen Uferstraße brausten wieder mehrere dieser Höllenmaschinen mit tosendem Lärm vorbei. Ausgerechnet in der Nähe ihrer Villa war die ansonsten kurvenreiche Strecke begradigt, sodass hier die meisten Motorradfreaks besonders stark den Gashahn aufdrehten. Zahlreiche Kreuze und hinterlegte Blumensträuße von trauernden Hinterbliebenen zeigten an, dass so mancher Raser auf dieser gefährlichen Straße sein Leben lassen musste. Die schrillen Sirenen der Ambu-

lanz waren leider oft genug zu hören und die Gefährlichkeit dieser malerischen, aber kurvenreichen Straße, wurde nur allzu oft unterschätzt.
Laura atmete tief den Geruch des frisch gemähten Rasens ein, der sich mit dem Duft der leuchtend gelben Mimose vermischte. Sie schloss das Fenster zur überdachten Terrasse. Es war schon sehr warm für diese Jahreszeit, wodurch bereits die ersten Touristen angelockt wurden. Gerade jetzt zu Ostern kamen überwiegend Schweizer und Deutsche, die hier am Lago ein Ferienhaus oder eine Wohnung besaßen, um die ersten warmen Tage des Jahres zu genießen. Und weil es schon so herrlich warm war, hatten bereits viele Cabriofahrer ihre Verdecke geöffnet und genossen die herrlichen Blütendüfte, die ihnen aus den üppig bepflanzten Gärten entgegen wehten. Wer die Sonne jetzt ungeschützt und unbekümmert in vollen Zügen genoss, konnte sich schnell den ersten Sonnenbrand einfangen. Sie hatte um diese Zeit hier am Lago Maggiore schon enorm viel Kraft und war sehr intensiv. Ja, selbst im Winter war es möglich, bei Sonnenschein auf der Terrasse zu liegen, die Schönheit des Sees und die meist schneebedeckten Berge zu genießen. Es war einfach ein wunderschönes Stückchen Erde hier rund um den See und Laura bedauerte keine Sekunde, ihre Wohnung in Milano aufgegeben zu haben. Wenn sie Lust hatte, das Stadtleben zu genießen, und das war in letzter Zeit sehr selten, setzte sie sich in ihren silberfarbenen Lancia. Wenn sie die Strecke über die Autobahn nahm, war sie in eineinhalb Stunden mitten in Milano zum Bummeln. Meistens besuchte sie dann

einige alte Freunde, ging schick essen und war abends aber heilfroh, wenn sie dem Trubel der Großstadt wieder entfliehen und in ihr Refugium zurückkehren konnte. Spätestens dann, wenn sich das imposante schmiedeeiserne Tor zu ihrem Anwesen öffnete und sie durch ihren parkartigen Garten hoch zum Haus fuhr, fühlte sie sich glücklich und zufrieden.
Sie war froh über ihre Entscheidung, von Milano hier aufs Land gezogen zu sein. Denn trotz aller Schickeria, die sich auch hier mittlerweile breitmachte, war es doch eine ländliche Umgebung mit meist einfachen Leuten, die vor dem Touristenstrom Bauern und Fischer gewesen waren.
Inzwischen hatten viele Einheimische ihr Land an Deutsche, Schweizer und natürlich an Milaneser verkauft, die sich hier Ferienhäuser und Villen gebaut hatten. Manch einer bereute diesen Schritt heute, da er selbst die Immobilienpreise für sich und seine Kinder nicht mehr bezahlen konnte.
Laura rief nach Maria, ihrer bodenständigen und liebenswerten Haushälterin. Sie lebte mit ihrem Mann im früheren Gärtnerhaus. Lauras Vater, der Maria vor über dreißig Jahren als Haushälterin eingestellt hatte, bot ihr nach ihrer Heirat mit Alfredo das Gärtnerhaus zum kostenlosen Bewohnen an.

*Auch dieses Buch ist auch im günstigen Doppelband "Benvenuti am Lago Maggiore" enthalten!*

Auch als günstigen Doppelband im Handel erhältlich!

# Leseprobe
# Die Polin und die alten Männer

**Bad Soden 2006 – der Sturz**

Ohrenbetäubendes Sirenengeräusch drang durch die Straßen der Kleinstadt. Es schreckte die Bewohner des achtstöckigen Hochhauses auf, die an ihre Fenster stürmten. Alle wollten sehen, was los war.

Blaulichter wohin man sah. Sanitäter und Notärzte rannten vor dem Haupteingang routiniert mit einer Tragbahre Richtung Notarztwagen.

Auch Polizisten waren vor Ort. Sie sperrten das Areal weitläufig ab. Zufällig vorbeikommende Gaffer sowie einige Nachbarn der angrenzenden Ein- und Zweifamilienhäuser kamen angelaufen. Sie drängelten sich hinter dem Absperrband, um ja nichts zu verpassen.

»Da ist jemand runtergesprungen!«, rief ein Schaulustiger einem anderen zu.

»War wohl Selbstmord!«

Ein Sanitäter schubste einen der Gaffer grob zur Seite.

»Machen Sie doch Platz! Sie behindern nur unsere Arbeit. Gehen Sie nach Hause, hier gibt es nichts zu sehen!«

An der Eingangstür stand eine kleine Gruppe aufgeregter Menschen zusammen: Bewohner des Hauses, die sich um eine ältere Frau gruppiert hatten, die redete aufgewühlt auf die anderen ein. Augenscheinlich wusste sie mehr über das, was passiert war. Einer der beiden Notarztwagen raste mit schrillem Martinshorn Richtung Krankenhaus davon.

Der leitende Polizist ging auf die Hausbewohner zu, um sie zu befragen. Die ältere Dame, die sich vorher deutlich hervorgetan hatte, wurde als Erste befragt.

»Ich bin die Hausmeisterin und heiße Elvira Schneider«, erklärte sie atemlos mit hochrotem Kopf.

»Ich habe alles genau gesehen, weil ich gerade Unkraut vor dem Haus gezupft habe. Die anderen Herrschaften sind erst später dazu gekommen.«
Nun musste sie erst einmal tief Luft holen, um weitersprechen zu können.
»Mir war vorher schon aufgefallen, dass Frau Mehring, so heißt die Frau, am Notausgangsbalkon der achten Etage runtergeschaut hat. Ich habe ihr noch einen Gruß hinaufgerufen, den sie allerdings nicht erwidert hat. Plötzlich hörte ich neben mir einen lauten Knall und dann sah ich Frau Mehring hier aufschlagen. Sie wohnt oben in der Penthousewohnung. Ihr Mann ist nicht zu Hause. Ich habe ihn vor ungefähr einer Stunde wegfahren sehen.«
Frau Schneider griff sich erneut ans Herz und sprach stockend, holte immer wieder tief Luft.
»O Gott, o Gott! Was wird ihr Mann nur sagen, wenn er nach Hause kommt!«
Sie war völlig durch den Wind und wedelte sich ständig mit einem Papierstück frische Luft zu.
»Hier, nehmen Sie erst einmal einen Schluck Wasser zur Beruhigung, sonst kippen Sie mir noch um.«
Der Polizist hakte sich bei ihr ein und begleitete die Hausmeisterin zurück in ihre Wohnung. Sicherheitshalber rief er nach einem der Notärzte, damit er sich um die Dame kümmerte, die offensichtlich einen Schock erlitten hatte.
Am nächsten Tag konnte man in der Zeitung lesen ...

*Aus dem 8. Stock gesprungen und überlebt!*
*Die 38-jährige Anke M. überlebte den Sprung aus dem 8. Stock vom frei zugänglichen Notausgangsbalkon. Die Polizei stellte keine Anzeichen äußerer Gewalteinwirkung fest und schloss die Ermittlungen relativ schnell ab. Sie ging von versuchtem Selbstmord aus, vermutlich hervorgerufen durch Depressionen, infolge widriger Lebensumstände. Die junge Frau war drei Meter über dem Betonboden auf ein Vordach geprallt und kam mit Knochenbrüchen davon. Die*

*Polizei spricht von unglaublichem Glück und einer Heerschar von Schutzengeln.*
*Die Ärzte des Kreiskrankenhauses gaben nach ersten Untersuchungen bekannt, dass keine Lebensgefahr mehr bestünde. Sie erlitt mehrere Brüche im Schultergelenk und im Becken. Die inneren Verletzungen müssen erst noch abgeklärt werden.*

## Das Glück wohnte in Lissabon

Irgendwann ist alles Vergangenheit. Unsere Zeit auf Erden ist ein großes Geschenk und viele Momente können nur durch Erinnerungen wieder aufleben. Ich möchte Sie mitnehmen auf eine Reise in die Vergangenheit. Fühlen, riechen und spüren Sie, wie es damals war und lassen Sie in Ihrer Fantasie die Kutsche vorfahren. Wir befinden uns in Frankfurt am Main und in Lissabon Anfang 1900.

Erzählt wird eine Familiengeschichte, die für die damalige Zeit außergewöhnlich war.

Sophie und Johann, ein junges Frankfurter Ehepaar, das gerade erst ein Baby bekommen hat, starten mutig in ein neues Leben. Sie ziehen in ein altes Haus direkt am Tejo, mit Blick auf Lissabon. Während der Mann als technischer Direktor in der damals größten Korkfabrik Portugals mit an der Spitze der Geschäftsleitung steht, verwandelt seine junge Frau das gemeinsame Zuhause peu à peu in ein Schmuckstück mit traumhaftem Garten. Bald schon sitzen sie mit fünf Kindern um einen großen Tisch und führen ein unbeschwertes, großartiges Leben. Es ist genau so, wie Sophie es sich immer gewünscht hat. Bis zu dem Tag, als Deutschland 1916 Portugal den Krieg erklärt. Alles bricht wie ein Kartenhaus zusammen.

Steigen Sie also in die Kutsche ein und reisen Sie mit in die Vergangenheit!

*Das Buch ist als E-Book oder Taschenbuch im Online-Buchhandel erhältlich.*

Karin B. Redecker
Eine Reise zurück ins Jahr 1900
Das Glück wohnte in Lissabon
Roman

## *Goethe und die Dichter*

Als Goethe in den Himmel kam,
da sah man ihn befremdlich an.
Was willst du hier, du Frauenheld,
wer hat denn dich hierherbestellt?
Man schickte ihn auf Wolke Acht,
dort hat man Zäune angebracht
für die, die immerzu den Frauen
die Unbeflecktheit wollen klauen.
Da sitzt er nun, der arme Wicht,
und schreibt am tausendsten Gedicht.

10